一流的人都懂得如何做選擇

「人生の勝率」の高め方

成功を約束する「選択」のレッスン

精準選出「成功率較高的選項」

Eiji Doi
土井英司——著
賴庭筠——譯

前言

東京都某處。晚上九點過後，「迎戰人工智慧時代的商務講座」即將結束。主持人從兩百名觀眾中指定了一名身穿西裝、看起來不滿三十歲的男性，請他向講師Ｄ提問。

故事就此揭開序幕——

ハイ

「選擇」非常重要

D先生是日本亞馬遜的王牌採購，經手許多暢銷商品，而最有名的業績就發掘近藤麻理惠小姐（於四十餘國銷售逾一千一百萬冊的暢銷書《怦然心動的人生整理魔法》的作者）並企畫相關著作。同時，D先生也是商管書的專業評論家，引介了非常多書籍。我聽說「只要請D先生撰寫書評就會暢銷」，想請D先生分享箇中訣竅。

你剛才提到的說法並不正確。不是「我撰寫書評就會暢銷」，而是「我選擇能成為暢銷書的書籍撰寫書評」。書評只不過是一種發掘並讓許多人了解書籍潛力的方法。我引介的書籍之所以暢銷、我培育的人才之所以成為暢銷作家，是因為**我有「選擇力」，選擇了能暢銷的素材。**

人們經常試圖尋找成功背後的原因，包括能力、努力、毅力等。事實上，**結果有九成在「選擇當下」就已經決定了。**

曾擔任美國工業巨擘奇異公司（General Electric Company）執行長，人稱「中子彈傑克」的傑克．威爾許（Jack Welch）的「前二策略」非常有名——保留並集中所有資源在排名前二的部門，這就是一種選擇。

無論是經營事業或從事任何工作，結果都取決於「選擇的當下」嗎？

沒錯。

請問你認為各領域的頂尖高手為什麼可以締造卓越的業績？那是因為他們一開始就選擇了具有潛力的人物或商品。沒有潛力的人物、設計、命名，不可能暢銷。

如果你浪費時間在沒有魅力的人事物上，怎麼會有好的結果？打造暢銷書的祕訣不在於「如何賣」，而是「賣什麼」。

你的意思是我們之所以不順利，關鍵不在於「做法」而是「選擇」嗎？

只要擁有「選擇力」，能做出正確的選擇，無論目的是工作、結婚還是經商都會很順利。與其擠破頭想進入受歡迎的大企業，不如在具成長潛力的公司好好努力，更能迅速在體質優異的企業佔有一席之地。這與我在日本亞馬遜的草創時期就進入公司做出業績是一樣的道理。**如果各位想成為人生勝利組，一定要先身處成功率較高的團體並好好鍛鍊「選擇力」。**

大學畢業後，我曾在遊戲公司工作並派駐在電玩中心。當時名為「UFO捕手」的夾娃娃機的成功率並不一致。簡單說就是顧客夾中「不受歡迎的獎品」的機率比較高，而夾中「受歡迎而有吸引力的獎品」的機率比較低。

當時我派駐的電玩中心週末會有許多爸爸媽媽帶著小孩來玩。因此我設定顧客比較容易夾中小朋友喜愛的寶可夢、Hello Kitty等玩具，而比較不容易夾中爸爸想要的賽馬裝飾、魯邦三世人偶。具體來說，孩子喜愛的玩具的中獎率為30～35%，而大人想要的商品的中獎率為10～18%。假設玩具的成本為三百日圓，在中獎率「30%」的情況下，顧客花一千日圓大概可以夾中一次。由於一般玩具的價格就是一千日圓，因此顧客不太會有怨言。

這樣的中獎率也會讓旁觀者覺得「感覺很容易夾中」，進而產生「樁腳」的效果。爸爸為小孩夾中玩具時，不僅小孩開心、爸爸也很得意地繼續挑戰大人想要的商品——這是我們設計的機制。這個機制的效果斐然。當時在此類型的機台裡，我派駐的電玩中心曾取得東北第一的成績。

這個小故事有點長，而我想表達的是「各位的成功率會因為你選擇的遊戲而改變」。**工作、投資、經商、結婚都和夾娃娃機一樣，如果你想得心應手，就要審慎「選擇戰場」**。勝負大多取決於選擇。當你選擇成功率較低的戰場，就離成功更遙遠了。

「勝負取決於選擇」的意思是說就算沒有才能、財富，只要適當選擇就能成功嗎？

沒錯。現在商務人士需要具備英語、IT（資訊科技）、經濟等各式各樣的技能，而只要改變意識與行動就能擁有「選擇力」。

培養並鍛鍊「選擇力」是一般人成功的最佳方法。簡單來說，各位的人生取決於：

- **「你身處何種環境？」**
- **「你與哪些人士來往？」**
- **「你有哪些選項？」**

掌握你的一號瓶

我讀大學時在日本 Goodwill 集團創辦人折口雅博的著作《創業的條件》（經濟界出版）中認識了以保齡球來比喻經營事業的「一號瓶理論」。

一號瓶就是打保齡球時，排列在最前面的球瓶嗎？

對。

打過保齡球的人都知道，如果想一次全倒，一定要擊中一號瓶。否則無論你擲出的球多快、

多漂亮，都不可能一次全倒。

相對的，**只要你擊中一號瓶，即使球速不快、角度不漂亮也能一次全倒**。

只要擊中一號瓶，其他球瓶多少都會受到影響；只擊中角落的球瓶，其他球瓶往往屹立不搖。

經營事業，也有所謂的一號瓶。

對製造商來說，一號瓶是暢銷商品；對批發業來說，一號瓶是強而有力的通路；對零售業來說，一號瓶是商品種類的齊全度。每個領域的一號瓶各異。

只要認清、掌握、選擇、擊中「自己的一號瓶」，就不用擔心其他球瓶了。比如說，餐飲業的一號瓶是口味，而口味的關鍵在於「食材」。

應徵餐飲業者絕對不能在食材這一塊讓步。如果我經營餐飲業，我一定會將宣傳、廣告的費用全部投注在採購好的食材。

因此選擇時必須先掌握「一號瓶的位置」，是嗎？

・・・
ハッ！
・・・
ガコン

那是當然，而選擇一號瓶的依據是「重要度」。最重要的課題不先解決，一定會影響其他課題。

D先生在出版界十分活躍。你認為出版界的一號瓶是什麼呢？出版界「最重要的課題」是什麼呢？

出版界的一號瓶絕對是編輯。因為挑選作者、挑選設計師、決定書名的都是編輯。

出版界的一號瓶不是公司規模，而是編輯嗎？

相信各位都知道，無論大出版社、小出版社都有推出暢銷書的能力。因此重要的不是組織而是個人、重要的不是出版社而是編輯。

因此挑選有實力的「編輯」，才是創造暢銷書的祕訣嗎？

事實上我發行電子報「商管書馬拉松」（從二〇〇四年七月開始發行的書評電子報，目前有五萬四千人訂閱）就是為了擊中一號瓶（有實力的編輯）而做。

咦？什麼意思？

我為了吸引重度閱讀商管書的讀者而堅持只推薦好書，讓好書更有機會成為暢銷書。如此一來，不僅編輯會感謝我，我也能認識更多創造暢銷書的優秀編輯。因此「商管書馬拉松」可以說是我為了擊中一號瓶而設計的機制。

我之所以選擇電子報而非部落格，是因為電子報更能有效提升商管書在排行榜——尤其是日本亞馬遜的排行榜——上的名次。

寫部落格，讀者會「各自在有空的時間」閱讀；但寫電子報，更可以確定讀者會「集中在一定的時間」閱讀。由於亞馬遜的排行榜每小時會更新一次，因此就提升排行榜名次的效果來說，電子報遠遠超過部落格。

因此你不僅僅是撰寫書評而已，對嗎？

如果我只賣自己的書，或許可以使用部落格宣傳；但我必須賣很多人的書，所以部落格稍嫌無力。

我之所以每天發行電子報，是為了提升讀者確實閱讀的比例。我為了吸引會確實閱讀書評的讀者而「下定決心」，堅持每天都要撰寫書評。我想我一定是全日本最認真撰寫書評的人吧（笑）。

努力無法彌補「選擇的失敗」

日本人很喜歡「努力」，然而努力不一定會有回報。即使你抱著粉身碎骨的覺悟這麼努力了，仍然有可能失敗。

或許有些人會獲得所謂的「鼓勵獎」、「努力獎」，但有些人永遠等不到。

你覺得前者與後者有什麼差異呢？

是努力的程度嗎？還是擁有的才能呢？

都不是。

努力之所以沒有回報，是因為做了錯誤的「選擇」。

這和努力的程度、擁有的才能都沒有關係。前者與後者的差異在於，努力的地點不同。

以釣魚為例。如果要豐收，地點的選擇就很重要。

如果你在完全沒有魚的地方垂釣，怎麼可能豐收呢？只是浪費時間而已。

相對的，只要選擇有大量魚群的地方，即使你不努力、沒才能也能豐收。別說豐收了，你一定能百發百中。因為有大量魚群的地方，魚餌的量（供給）遠遠低於飢餓的魚（需求）。

這與投資的道理相同。

例如不動產投資。如果你追求穩定的出租收入，地點就比屋齡、隔間來得重要。因為租屋時追求「交通方便」的人非常多。

一是地點、二是地點、三還是地點。決定不動產投資是否成功的關鍵在於地點的選擇。

你的意思是說如果在錯誤的選擇上努力，努力就只是浪費時間嗎？

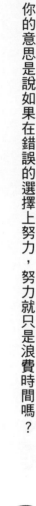

沒錯，**選擇比努力更重要**。

努力無法彌補選擇的失敗。如果你做了正確的選擇，努力會有回報；如果你做了錯誤的選擇，努力只會讓你徒勞無功。

比如說，住在鄉下的學生想報考英檢而到鎮上唯一一間小書店買參考書。

如果那一間書店的參考書的程度最高只到英檢中級，那麼這名學生也只能達到英檢中級。不管他再怎麼努力、再怎麼認真，都不可能達到英檢高級。

如果他想達到英檢高級，就不應該去鎮上唯一一間小書店買參考書，而是要去銷售英檢高級參考書的大型書店購買。

如果沒有才能，就要做出沒有才能也能成功的選擇；如果不想努力，就要做出不需要努力也能成功的選擇。

因為結果取決於選擇。

成功或失敗，幾乎可以說在選擇的當下就已經決定了。因此我們必須正確選擇「做什麼」、「在哪裡做」、「與誰一起做」、「什麼時候做」。

如何培養「選擇力」？

現在是資訊化社會，而我們處於資訊洪流之中。據說現在每天出版的新書高達兩百種，資訊量遠遠超過一般人可以處理的範圍。**在這樣的情況下，選擇變得越來越困難**。因此，選擇力顯得更加重要。我們**如何培養「選擇力」？如何才能擊中一號瓶？請各位認真思考這件事，這件事將是你邁向成功的捷徑**。不好意思，耽擱了各位這麼久的時間，而以上是我的回答。

主持人雖然對於兩位一來一往的對話感到驚訝，但還是冷靜地宣告散會。講師D在盛大的掌聲中，準備回到休息室。此時包括剛才提問的男性，大約有二十名觀眾追過來，感覺還有很多問題等著講師D解答。主辦單位原本想要阻止他們，但講師D出聲說道：「你們還有問題嗎？好，今天我就留下來再跟各位討論一下『選擇力』吧。」

接著講師D邀請二十名觀眾進入休息室，為他們上一堂改變人生的課程。

第一章

結果九成取決於「選擇」

第二章

事前決定選擇的「標準」

第三章

讓「關鍵人士」成爲你的助力

第四章

掌握有價值的「資訊」

第五章

以策略吸引「好運」

!
90%
へ一
へ一

第一章

結果九成取決於「選擇」

待在狹小的環境裡，不會有遠大的夢想

歡迎各位。

我很欣賞你們的求知欲，參加講座後還想了解更多、知道更多。

過去我接受了許多成功人士的指引，才能走到今天。現在我想與你們分享這個成功法則。

畢竟口說無憑，請各位先看一下這張表。

這張表是我至今發揮「選擇力」的成績。一開始記錄很像在玩遊戲，後來變成我的例行公事。我從來沒想過會像這樣，讓其他人看這張表。

選擇的人事物	勝負
近藤麻理惠	全球暢銷 1100 萬冊
本田健	累積發行 700 萬冊
日本亞馬遜	股價 7 元時取得員工認股權，離職時以股價 56 元售出（現在是 1800 元，嗚）
中國股票	投入 300 萬日圓，漲了 2 倍
原宿大樓	交屋 10 個月後東京申奧成功，獲利約〇億日圓
Gung Ho 股票	獲利足以購屋
euglena 股票	股價是原本的 30 倍
紐約貝德福德	發展成時髦的街區
大衛・霍克尼（DavidHockney）	作品拍賣金額創下在世藝術家的最高紀錄
Auto Race 賽車	100 倍（這是附贈的！）

哇，好厲害。

幾乎沒有輸過啊！

無論投資股票、不動產還是車子都很成功欸。

怎麼會這麼順利呢？

請各位冷靜聽我說。在說明「選擇力」「好眼光」之前，我想要先簡單自我介紹一下。

我出生於秋田縣男鹿市一個名為船越的地區。事實上，男鹿市由於少子化等因素人口不斷減少，而被日本政府指定為「人口過少地區」。

我讀中學時，音樂老師M是一名知名長笛家。他曾對我說：

「D，你要記得——如果你待在狹小的環境裡，不會有遠大的夢想。」

M老師過去在男鹿半島深山裡一間小小的中學執教鞭。雖然這麼說感覺很失禮，但如果說我的故鄉船越是鄉下，那男鹿半島的深山就是「超鄉下」。各位覺得住在「超鄉下」的孩子們會有什麼樣的夢想？

頂多就是「去秋田市工作」。

去秋田市工作？不是去東京都工作？

對，去秋田市工作。

對住在「超鄉下」的孩子們來說，秋田縣最熱鬧的秋田市就是夢寐以求的地方、心生嚮往的地方。

相對的，住在秋田市的孩子們不會將他們再熟悉不過的秋田市當做夢想。

住在秋田市的孩子們的夢想一定是比秋田市大的地方。

D先生雖然不是住在超鄉下，但畢竟也是鄉下。為什麼D先生和其他人不一樣呢？

我曾去希臘留學、去紐約短居……住在男鹿的人一定無法理解為什麼要這麼做吧（笑）⁉

不過我也不是從小就夢想要到國外生活。

我讀小學時，夢想是「繼承家父的工作」。因此我很早就打算不讀大學，中學畢業後就去工作或讀當地的職業學校。

我甚至覺得「松下幸之助、本田宗一郎也都沒有讀大學，沒有讀大學反而可以成功吧」、「大學畢業生才是人生的輸家吧」（笑）⁉

當然，家父的想法和我一樣。

為什麼你的夢想後來改變了呢？

如果我沒記錯，應該是小學高年級的事吧。當時的導師對家父說：「請一定要讓您的兒子讀大學。」

因此家父突然推翻過去的想法說：「現在的男子漢得讀大學才行。你不要讀職業學校了，去讀普通高中吧！」（笑）

我聽了非常驚訝，心想：

「這也差太多了吧」（笑）

「我根本沒有在讀書啊」（笑）

「讀普通高中？我不想要普通啊」（笑）

「我不想要為了普通而讀書啊」（笑）

不過我還是報考了日間部的普通高中考試，並順其自然地將秋田縣的頂尖學校A高中列為第一志願。

順其自然地？

或許應該說「我沒有其他選項」。

討論進路規劃時，導師M曾對我說：「D，你應該是要讀B高中吧？」

當時就我的成績來說，B高中的確是合理的選擇。不過我從小就非常叛逆，因此我故意回答：「M老師是B高中的畢業生吧？我不想變成和你一樣，所以我不喜歡B高中」（笑）。沒想到M老師反而借此機會給我壓力：「那你的成績就要更好囉」，而我再也無法回頭。

我的人生大多都是從與老師唱反調開始的（笑）。不過我也因為失去B高中這個選項，才會以A高中為目標——以前我覺得無法想像的選項。

就結果來說，老師給了你全新的選項呢。

如果只有得過且過的選項，結果就只能得過且過。畢竟得過且過時的選擇一定也是得過且過而已。

那麼我們要如何擺脫得過且過的選項呢？很簡單，**只要請不得過且過的人提供選項，我們再從中選擇就好。**

讀中學時的我正是如此。

「身處環境」與「來往人士」不同，自己也會改變

我們不能選擇出生的地點，但我們可以選擇成長的環境。

我們不能選擇父母和兄弟姊妹，但我們可以選擇老師、同學與讀書方法。

我讀小學高年級時，家父給了我一本《數學小辭典》說：「如果有問題，你就查這本辭典。因為你問我，我也不懂（笑）」。

我翻閱那本《數學小辭典》覺得非常驚訝。

辭典讓你覺得驚訝嗎？為什麼？

因為那本辭典收錄了所有我想知道的事，因此我學到一個道理：

「世上大部分的事物都可以自己調查。」

以前我認為我不懂的事物只能問父母或老師，但我發現原來我還有「自己調查」這個選項，而不需要依賴其他人。

現在真的很方便，有任何問題都可以直接在網路搜尋。

在網路搜尋的確可以獲得各種資訊，但由於資訊過度氾濫，一般人不容易判別資訊好壞。所以現在的人很有可能比過去的人愚蠢（笑）。

雖然這麼說不太好聽，不過笨蛋可以撰寫網路文章但無法編輯專業辭典。如果**缺乏「判別資訊好壞的能力」，即使使用網路也無法獲得正確答案。**

Math

你主張「自己可以改變環境」，具體來說要如何改變呢？

我讀中學時，有意識地改變了兩件事——

我重新選擇了「身處環境」與「來往人士」。

許多人認為「身處環境」無法自己選擇也不願意嘗試脫離，但其實可以。

我從讀中學開始就自己一個人住，住在家父的公司。我之所以自己一個人住，是因為我覺得「一直和家人住在一起，我會變成一個沒用的人」。

為什麼和家人住在一起會變成沒用的人呢？是因為和家人不斷爭執嗎？

答案正好相反，是因為我們家的感情太好了。

當時我和祖父母、父母、一個哥哥、三個姊姊，九個人住，感情非常好。每天晚上我們都會一起吃飯、看電視，感覺時間過得好快。所以我頂多只能在睡前完成作業，幾乎無法讀書。

假設我們學校的升學率是全國第一，或許我只要完成作業就可以有一定的學力。

然而很可惜，我們學校地處偏遠、規模狹小，只是完成作業無法使我脫離那個環境。

後來我想：「我該不會就要這樣變成笨蛋了吧？」剛好家父的公司有閒置的空房，因此我下定決心要搬出來一個人住。

你為了要讀書而搬出來一個人住嗎？

這和工作是一樣的道理。

一個指令一個動作的人，絕對不可能成長。優秀的人才總是迅速完成交辦事項，並主動利用其他時間。

後來你的成績進步了嗎？

社團活動結束後，我就會回到一個人住的地方吃飯、洗澡。每天晚上八點左右就沒事了。因此我除了完成作業，還可以讀書兩、三個小時。

我搬出來一個人住才一個月，成績就突飛猛進，名列全年級前五名。然而那並不是因為我特別優秀，而是其他人都不讀書。

那麼來往人士如何改變呢？

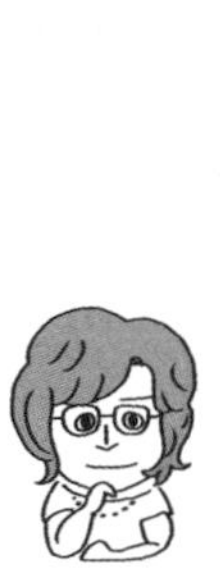

我重新選擇了朋友。

當時我幾乎沒有跟同年級的學生一起玩，因為我認為同年級的學生頂多「和自己差不多」。

與「和自己差不多」的人往來，而且是一起玩，不會讓自己成長。

因此我覺得「我應該要和大人交談」，下課時間經常往辦公室跑。

經常往辦公室跑、經常與老師交談，讓我知道「考試可能會考哪些題目」，也讓我獲得了特別的機會。像是由我撰寫中學畢業文集的首篇文章等。

人們會對接觸次數較多的對象產生較好的印象——這在社會心理學中稱為「熟悉定律」。

「頻繁露面」是掌握機會很重要的原則。

雖然你當時年紀還小但很成熟呢（笑），你不會覺得沒有朋友很孤單嗎？

因為我有「競爭對手」，所以從來不會覺得孤單。

競爭對手？

我讀中學時，有一個競爭對手H。雖然說是競爭對手，但我們不曾吵架或敵對。我們認同彼此的能力，互相切磋，屬於良性競爭的關係。

H對我來說，是網球上的競爭對手、也是課業上的競爭對手。當時我每天晚上都會和他通電話，很肉麻吧？（笑）

至於我們通電話都在聊什麼呢？我們會互相出題並確認答案。

「H栽培了我，惠我良多」即使我這麼說也絕對不誇張。我覺得競爭對手比朋友更重要。

我覺得人不需要一起玩的朋友，但一定要有好的競爭對手。

「你知道答案嗎？」

「嗯！」

你知道答案嗎？
嗯！

想要有高收入，應該進入哪個業界？

對了，你們未來想進入高薪的公司工作嗎？

如果可以就太好了……

日本國稅廳於二〇一七年發表「二〇一六年 民間薪資統計調查」，包含了「各產業薪資分布結構」。（參考第44頁）

觀察各產業的年薪，會發現平均薪資最高的產業「電氣、瓦斯、供熱與水力產業」有逾45.1％員工的年薪高於八百萬日圓；其次「金融產業、保險產業」有25.5％員工的年薪高於八百萬日圓。另一方面，平均薪資最低的產業「旅宿產業、餐飲服務產業」則有29.8%員工的年薪低於一百萬日圓。

此外，觀察「各企業規模薪資分布結構」，會發現「資本額低於兩千萬日圓的股份有限公司」有20.2%員工的年薪為「兩百萬日圓～三百萬日圓」、有一九·八%員工的年薪為「三百萬日圓～四百萬日圓」。

相對來說，「資本額高於十億日圓以上的股份有限公司」有一二·四%員工的年薪有「五百萬日圓～六百萬日圓」、12%員工的年薪有「四百萬日圓～五百萬日圓」。

未來的情況可能會受少子高齡化影響，但目前就這份資料來說，如果「**想進入高薪的公司工作」應該優先考慮「電氣、瓦斯、供熱與水力產業」、「規模較大的（資本額高於十億日圓）公司」**。

一旦選擇「規模較小的旅宿產業、餐飲服務產業」，就很難擁有高收入了。

工作的意義應該不是只有「金錢」吧。就算年薪比較低，有人還是想做自己想做的事呀。

日本各產業薪資分布結構

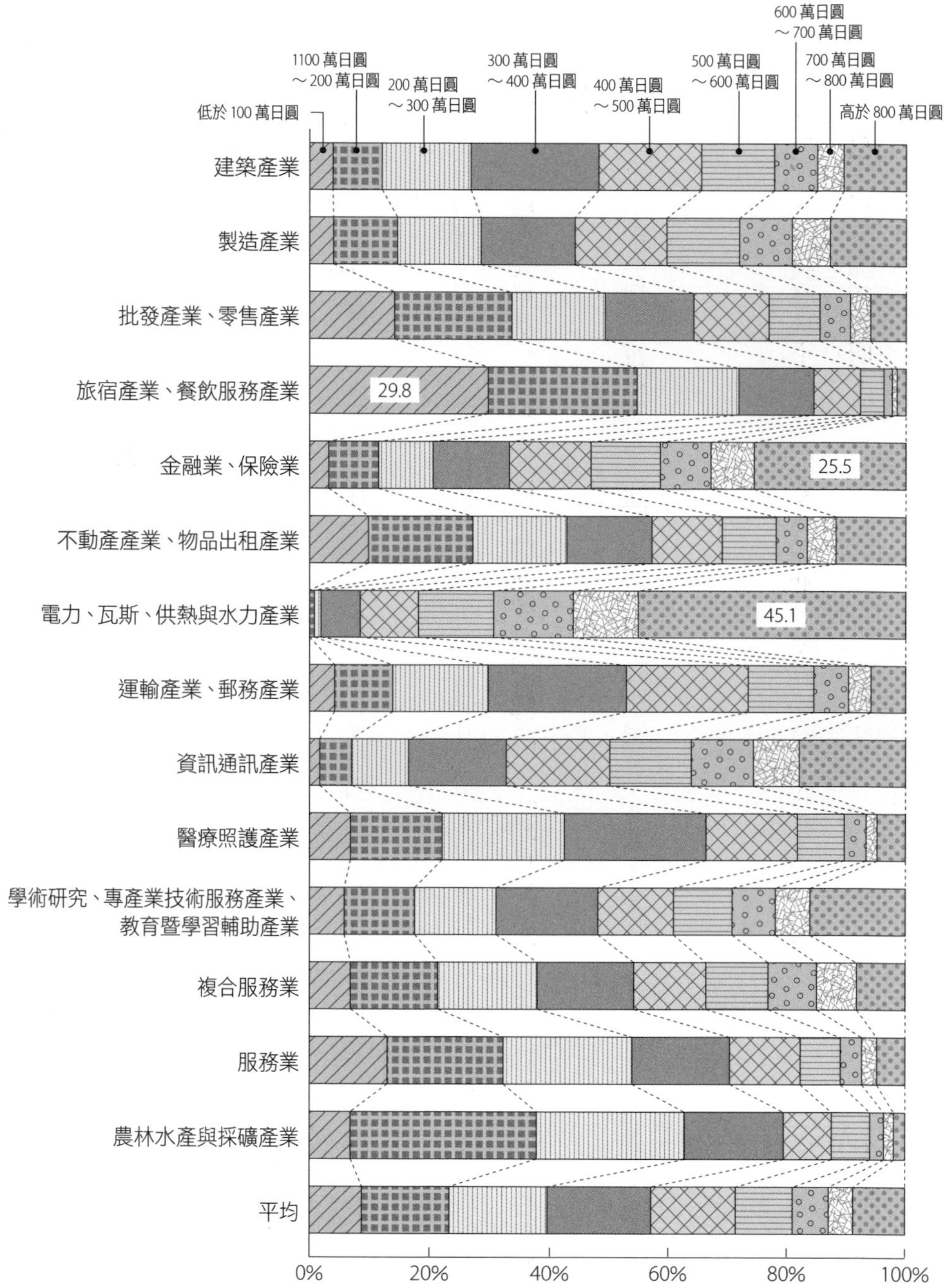

資料來源：日本國稅廳「二〇一六年 民間薪資統計調查」

日本各企業規模薪資分布結構

分類			低於100萬日圓	100萬日圓～200萬日圓	200萬日圓～300萬日圓	300萬日圓～400萬日圓	400萬日圓～500萬日圓	500萬日圓～600萬日圓	600萬日圓～700萬日圓	700萬日圓～800萬日圓	800萬日圓～900萬日圓	900萬日圓～1000萬日圓	1000萬日圓～1500萬日圓	1500萬日圓～2000萬日圓	2000萬日圓～2500萬日圓	低於2500萬日圓	合計
			%	%	%	%	%	%	%	%	%	%	%	%	%	%	%
（企業規模）個人		男	7.8	20.6	26.8	23.0	11.2	5.3	2.3	1.3	0.4	0.4	0.5	0.2	0.1	0.1	100.0
		女	21.7	33.1	23.2	11.1	5.8	2.2	1.0	0.7	0.3	0.3	0.5	0.1	0.0	0.0	100.0
		合計	17.2	29.1	24.4	15.0	7.6	3.2	1.4	0.9	0.3	0.3	0.4	0.1	0.0	0.1	100.0
服份有限公司 依資本額分類	低於2000萬日圓	男	4.4	9.8	18.0	23.6	18.3	10.5	5.1	3.1	1.9	1.3	2.6	0.7	0.3	0.4	100.0
		女	21.9	28.2	23.6	13.8	5.9	2.8	1.2	0.8	0.5	0.3	0.8	0.1	0.0	0.1	100.0
		合計	11.1	16.9	20.2	19.8	13.5	7.5	3.6	2.2	1.4	0.9	1.9	0.5	0.2	0.3	100.0
	2000萬日圓～5000萬日圓	男	2.5	6.3	13.8	22.7	22.2	14.5	7.5	3.9	2.1	1.3	1.9	0.7	0.3	0.3	100.0
		女	15.9	26.9	27.2	17.0	7.5	2.7	1.1	0.6	0.2	0.2	0.4	0.1	0.1	0.1	100.0
		合計	6.8	13.1	18.2	20.9	17.4	10.7	5.4	2.8	1.4	1.0	1.4	0.5	0.2	0.2	100.0
	5000萬日圓～1億日圓	男	2.2	5.7	12.3	21.0	21.9	15.1	9.1	5.0	3.0	1.6	1.9	0.6	0.2	0.4	100.0
		女	14.5	26.2	25.3	18.7	8.9	3.6	1.3	0.6	0.3	0.2	0.3	0.0	0.0	0.1	100.0
		合計	6.7	13.2	17.1	20.2	17.1	10.9	6.3	3.4	2.0	1.0	1.3	0.4	0.2	0.2	100.0
	1億日圓～10億日圓	男	2.5	5.0	8.1	14.6	19.0	16.4	12.7	8.4	4.9	3.1	3.8	0.8	0.3	0.4	100.0
		女	15.1	25.0	20.4	17.6	11.4	5.6	2.2	1.1	0.7	0.3	0.3	0.2	0.1	0.0	100.0
		合計	7.2	12.5	12.7	15.7	16.2	12.4	8.8	5.7	3.3	2.0	2.5	0.6	0.2	0.2	100.0
	高於10億日圓	男	1.7	2.8	4.1	7.6	11.9	14.0	13.4	12.2	10.0	7.3	12.3	1.9	0.4	0.4	100.0
		女	15.3	23.5	15.3	12.8	12.4	8.8	4.9	2.8	1.7	1.0	1.3	0.2	0.0	0.0	100.0
		合計	5.9	9.1	7.5	9.2	12.0	12.4	10.8	9.3	7.5	5.4	8.9	1.4	0.3	0.3	100.0
	共計	男	2.8	6.2	11.5	17.7	17.9	13.6	9.3	6.6	4.6	3.1	5.0	1.0	0.3	0.4	100.0
		女	17.5	26.3	22.1	15.4	8.8	4.6	2.1	1.2	0.7	0.4	0.7	0.1	0.0	0.1	100.0
		合計	8.0	13.3	15.3	16.9	14.7	10.4	6.7	4.7	3.2	2.2	3.5	0.7	0.2	0.2	100.0
其他法人		男	4.1	10.1	16.1	19.9	16.5	10.4	5.8	4.7	3.1	2.1	4.5	1.5	0.6	0.6	100.0
		女	13.1	20.5	19.7	20.2	12.5	6.5	3.1	1.8	0.9	0.5	0.8	0.3	0.1	0.0	100.0
		合計	9.0	15.8	18.1	20.1	14.3	8.3	4.4	3.1	1.9	1.2	2.5	0.8	0.3	0.2	100.0
合計		男	3.2	7.2	12.7	18.3	17.5	12.8	8.5	6.1	4.2	2.9	4.8	1.1	0.3	0.4	100.0
		女	16.5	25.1	21.5	16.5	9.7	5.0	2.3	1.4	0.7	0.4	0.7	0.2	0.0	0.0	100.0
		合計	8.7	14.6	16.3	17.5	14.3	9.6	5.9	4.2	2.8	1.9	3.1	0.7	0.2	0.2	100.0

資料來源：日本國稅廳「二〇一六年 民間薪資統計調查」

當然，工作的意義不是只有金錢。每個人工作的目標與價值觀不同，職場也有各種不同的選擇。

選擇是對、是錯無法一概而論。如果只考慮年薪，可以從這個角度切入。

即使進入「資本額高於十億日圓的電氣、瓦斯、供熱與水力產業」，年薪也不會立刻變成八百萬日圓。假設公司願意一開始就給八百萬日圓的年薪，但如果公司「採取實力主義，只要稍微出錯就立刻開除員工」，員工也無法安心。

如果選擇職場時重視薪資，也可以從「終生收入」這個角度切入。

終生收入？

終生收入是指「從就職到退休，一輩子取得的總收入」，包括薪資、加班費、獎金與退休金等。三十歲前年收入較低也無妨，更重要的是增進自己的能力。

三十歲後就要考慮進入「年薪較高的公司」並盡可能拉長年資。

這麼做理應可以增加終生收入。

我建議各位在二十五歲前，先不問個人好惡地掌握住每一次的機會，鞏固成為商務人士的基礎。之後再新增品質較高的選項。

到了二十五歲，就要全心全意做出成績。

只要堅持「前半好好選擇、後半好好努力」的原則，三十歲後一定能自己決定職涯的方向。

三十歲前盡可能增加派得上用場的技巧（包括Ｐ＆Ｇ的行銷技巧、麥肯錫的讀寫技巧等）、人脈（Recruit）、資訊網（各媒體），之後比較有利。

如果從終生收入這個角度切入，選擇「趁年輕增進自己的能力」更有利。是嗎？那麼不想當上班族而想自己創業的人，應該如何選擇呢？

所有創業家都希望創業成功，**但選擇「創造形成獨占狀態的藍海」更可以提高成功率。**

那是什麼意思？

各位認為承包商為什麼利潤那麼低、待遇那麼差嗎？因為承包商「隨時都能被取代」。

相對的，只要擁有特殊的技術或點子而難以被取代（市占率較高），就可以自己設定價格——也就是說，成為價格決定者（price maker）。

「創造形成獨占狀態的藍海」用嘴巴說很簡單，但我們怎麼找得到呢？

如果想創造獨占狀態，就要做其他人不做的事。同時要突顯自己的優勢與個人特色。

為此，我建議創業前可以想一想下列三點：

①只有自己才能提供的事物為何，或自己比其他人擅長的事物為何？

②是否具備吸引特定族群的觀念與風格？

③商業模式是否難以模仿？

符合這三點的公司就能成為價格決定者。同時，由於不會被母公司、顧客壓搾，可以避免「赤字」、「現金不足」、「貸款」等導致公司破產的原因。

沒有百分之百成功的選項

聽到「選擇決定一切」、「結果九成取決於選擇」，我會忍不住擔心「一開始選擇錯誤，會不會無法收拾？」、「自己過去的選擇是否正確？」、「有沒有更好的選擇？」

選擇時最重要的就是「不能追求百分之百正確」。因為這世上沒有百分之百成功的選項。

那麼要怎麼做呢？

①「選擇成功率較高的選項」

②「增加嘗試與調整的次數」

由知名行為心理學者丹尼爾・康納曼（Daniel Kahneman，二〇〇二年獲得諾貝爾經濟學獎）與阿摩司・特沃斯基（Amos Nathan Tversky）提出的展望理論（prospect theory）是行動經濟學具代表性的理論之一。

展望理論的重點是「比起相同程度的獲利，相同程度的虧損對人們的影響更大」是嗎？

沒錯。

比起「可以獲利」，人們更希望「不要虧損」。因此人們會忍不住追求百分之百零虧損，但百分之百零虧損的產業只有詐騙吧（笑）!?

過度迴避虧損的風險，結果也不一定盡如人願。因此**各位不妨以「失敗為成功之母」為目標，持續挑戰並持續調整。**

我的想法是——即使成功率只有10％，表示「挑戰十次會成功一次」，那我至少要嘗試十次。

我嘗試十次，說不定第三、第二甚至第一次就成功了。

我曾訪問過《富爸爸，窮爸爸》系列書籍的作者羅勃特・T・清崎，他說：「我們不買公開上市的股票，只投資尚未上市的企業。」

儘管投資一百間尚未上市的企業，說不定只有一間獲利。然而如果金額是本金的一千倍，那麼即使有九十九間虧損，結果仍是獲利。也就是說，**有虧損一定程度的心理準備，獲利才能超越虧損。**

各位有聽過法國的『LVMH集團』（「酩悅・軒尼詩-路易・威登集團，Moët Hennessy-Louis Vuitton Group）嗎？那個集團旗下有七十五個（二〇一九年八月資訊）世界知名的高級品牌。

哇，有哪些品牌呢？

像是酩悅香檳（Moët & Chandon）、庫克香檳（Krug）、凱歌香檳（VEUVE CLICQUOT）、軒尼詩（Hennessy）、路易・威登（Louis Vuitton）、羅威（LOEWE）、芬迪（FENDI）、思琳（CÉLINE）、克麗絲汀・迪奧（DIOR）、紀梵希（GIVENCHY）、凱卓（KENZO）、尚美（CHAUMET）、寶格麗（BVLGARI）、泰格豪雅（TAG Heuer）、真力時（ZENITH）等。

天啊！那不是幾乎包辦了百貨公司裡所有品牌嗎？

沒錯，不管各位購買哪個品牌的商品，錢都會流進ＬＶＭＨ集團的口袋。

ＬＶＭＨ集團的ＣＥＯ貝爾納・阿爾諾（Bernard Arnault）的想法是——

不是每個品牌都能獲利，流行也是一陣一陣。既然如此，只要我擁有很多品牌就不需要擔心哪個品牌獲利、哪個品牌虧損了。

他深切明白「如果沒有百分之百零虧損的選項，就要為自己準備許多成功率較高的選項」這個道理。

此外，我在閱讀「黑貓宅急便之父」小倉昌男的著作《小倉昌男經濟學》時也覺得「這個人好強啊！」

因為他相信「即使一開始帳面上是赤字，只要我們掌握每台貨車的成本、每天運送多少貨物才能回本，一定可以在四、五年內轉虧為盈。」

意思是，他早就知道會虧損四、五年？

對。換做是一般人，如果知道會虧損四、五年，一定不會這樣做吧？各位覺得「鼓起勇氣做別人不敢做的事」，結果會是如何？

嗯……

這麼做可以創造形成獨占狀態的藍海，因為沒有其他競爭對手。

「選擇」與「自信」的因果關係

我可以理解選擇「成功率較高的選項」並「嘗試一定次數後就會順利」。不過這樣一來，感覺「選擇」的壓力好大，不會造成神經衰弱嗎？

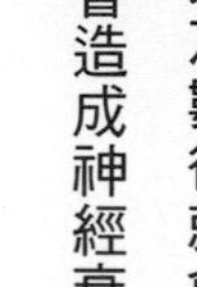

之後我會詳細說明如何選擇成功率較高的選項。

選擇的確讓人倍感壓力，**甚至會因為選擇錯誤而失去自信。**

我認為自信是最大的動力來源。因此人活著，失去自信最可怕。

只要有自信，失敗了還是能站起來；失去自信，就不一定了。

人失去財富也能不屈不撓，但失去自信就會一蹶不振。

我閱讀巴瑞・史瓦茲（Barry Schwartz）的著作《只想買條牛仔褲：選擇的弔詭》（The Paradox of Choice：Why More is Less）時發現，原來「試圖做出最佳選擇」的心情裡潛藏著陷阱。

陷阱？什麼意思？

現在人們——尤其是年輕人——會透過網路收集龐大的資訊，並試圖做出最佳選擇。結果反而**常常因為選項過多而「延後選擇」**。

此時人們的潛意識會接收到「這次我無法選擇」的訊息。

時間久了，就會因為無法選擇而失去自信。

既然有可能因為無法選擇而失去自信，那麼我們是不是應該迅速決定，而不是為了正確與否而躊躇不前？

對，盡可能迅速決定比較好。**選擇時，比起正確與否，速度更重要。即使無法確認正確與否，也要迅速決定。一旦發現錯了，再迅速修正就好。**

家父很少教授我經商的訣竅，但我記得他講過這麼一句話：

「總之先試試看再說，失敗時要記得壯士斷腕。如果擺著不管，損失只會擴大。只要懂得停損，無論挑戰什麼都可以。」

他之所以堅持「迅速決策、迅速行動」是為了避免失去自信。

執著於收集與分析資訊，很容易因為無法選擇而失去自信。

因此請各位掌握兩個重點：

①不要過度增加選項

②一定要避免因為無法選擇而失去自信

人之所以無法行動，是因爲以「利弊」來判斷

人們一旦執著於盈虧，就很容易綁手綁腳。那是因為「沒有保證百分之百獲利的情況」。

另一方面，「百分之百一定會虧損的情況」倒是很常見。

人們即使知道「很有可能獲利」，仍常常因為害怕「很有可能虧損」而遲遲無法決定。

這時候，我會告訴自己：「這樣的經驗可遇而不可求。」

例如你想買「全世界只有十輛，要價八千萬日圓的高級轎車」，而它未來可能會增值至一億日圓或貶值至六千萬日圓。此時許多人會只顧慮損失，「我可不想賠兩千萬日圓，所以不買。」

那麼換個角度來想呢？「即使虧損，這種經驗也是可遇而不可求呢。」

「以兩千萬日圓的代價擁有並駕駛全世界只有十輛的高級轎車」，一般人不可能獲得這種

經驗。

「全世界只有十個人能擁有的經驗」只要像這樣找出事物的價值，人們就能接受兩千萬日圓的損失。

買或不買、做或不做、去或不去……我們猶豫時會忍不住想詢問其他人的意見，不過有時候人多嘴雜反而會讓人更猶豫。

我了解，我也會那樣。

我曾一邊想著「這是千載難逢的好機會」，一邊忍不住覺得不安而猶豫買或不買。

因此我忍不住詢問了其他人的意見……最後就因為考慮太久而錯失機會。

覺得不安時，人們一定會默默期待有人阻止自己。

這件事的教訓讓我建立了一個原則——

「後來我決定只有在我覺得『除非出現能推翻我個人意願的新事實，否則我九成會做』的情況下，才會詢問其他人的意見。

2000 萬日圓
的損失
以 8000 萬日
圓購入
全世界
只有十個人能擁有的

意思是，如果不是在「九成會做」的情況下詢問其他人的意見，D先生也會受到影響嗎？

我讀大學時，曾選修印南一路教授（日本政策學家／慶應義塾大學綜合政策學部教授）的講座研究「理性決策理論」。

我對這個領域略知一、二，但人們有時候明明知道是對的，卻遲遲無法採取行動。

因此我們一定要了解「決策邏輯」，簡單說就是理解「人類心理」。如果不在腦海裡建立「違背人類心理的機制」，就無法脫離只有盈虧的選擇標準。

違背人類心理的機制是指？

「如果是這種情況，就自動採取行動」、

「如果是這種情況，就自動不要採取行動」

——其中一個方法是明確設定並遵循上述原則。

據說投資家村上世彰投資時也設定了一項原則：

「只要期待值超過『1』就投資」。

例如「投入一百萬日圓，最後維持一百萬日圓的機率是100%」，期待值就是「1」。

如果「投入一百萬日圓，最後變成兩千萬日圓（二十倍）的機率是10%、變成零日圓的機率是90%」，期待值就是20×10%＝2。此時許多投資者會選擇「不要投資」，因為很有可能虧損。

然而因為期待值超過「1」，因此他會投資。同時，他也會思考「能不能提高一百萬日圓變成兩千萬日圓的機率」。

一旦設定原則，基本上不容許例外。**只要符合原則就自動採取行動，而不考慮盈虧。**

儘管隨著情況調整原則很重要，但只要沒有大幅變化就不應該任意調整。

只要遵循原則，就不會受自己的情緒影響。是嗎？

當你貪心、恐懼時，一定要冷靜觀察自己的心理狀態。

至今我看過許多優秀的人，而當**優秀的人做出愚蠢的決定，大多都是因為貪心或恐懼**。

人們很容易受貪心、恐懼影響。一旦被左右，人們就無法理性思考。

怎麼做才能不受貪心與恐懼影響？

虧損令人恐懼、獲利使人貪心，因此我們**必須脫離只有盈虧的選擇標準**。

也就是說，不要想著盈虧：「買這輛高級轎車說不定可以賺錢，買下來比較好」、「買這輛高級轎車說不定會賠錢，不要買比較好」，最好遵循其他標準。

例如以「帥不帥」為選擇標準。那只要覺得「有能力買這輛高級轎車，我好帥」就可以買了（笑）。

我之前認識一名為了推廣海洋運動而計畫建設「海洋運動度假村」的人（在此以A先生稱之）。

我建議A先生：

「如果想建設真正的海洋運動度假村，一定要去義大利薩丁尼亞島看看。那邊有提供各項海洋運動的飯店，值得參考。」

一開始他有些遲疑，但他還是去了。

他之所以遲疑是因為他沒有去過義大利，語言不通又得花一大筆錢。如果不值得參考，他就吃大虧了。

他之所以遲疑去或不去，是因為他只有考慮盈虧吧。畢竟去薩丁尼亞島得花一大筆錢，而且弊大於利。

那麼，後來為什麼他還是決定要去呢？他的想法出現哪些變化呢？

我以下面這段話改變了他的選擇標準：

「請和尊夫人再去度一次蜜月，相信尊夫人一定會很開心。如此一來，您不僅能和尊夫人一起旅行，還可以進行有益於事業的調查。您應該著眼於「尊夫人會很開心」，而不是想著得花一大筆錢。只要你覺得自己是去旅行，即使與事業有關的收穫不多，你也不會覺得自己虧損。」

後來他在薩丁尼亞島認識了人脈廣、資源多的朋友，得以在家鄉建設度假村。

不要想著可能失去的事物。

即使失敗了，一定還是有所收穫——我覺得轉念將「失去」視為「獲得」，非常重要。

第二章

事前決定選擇的「標準」

「困難的事物」、「缺乏魅力的事物」，反而是最好的選擇

雖然沒有「百分之百成功的選項」，但有「成功率較高的選項」，所以我們必須培養精準的眼光。

以方才的ＬＶＭＨ集團為例，其旗下有七十五個品牌，但數量不是重點。重點是那七十五個品牌都是一流的高級品牌，成功率才會那麼高。

如果旗下品牌弱小，那麼即使有一千個品牌也不容易成功。

因此我們必須篩選出「成功率較高的選項」，對吧？不過我們怎麼知道每個選項的成功率呢？怎麼從複數選項中篩選呢？

假設D先生眼前有十個選項，你會如何選擇呢？

基本上，我會選擇——

- **「缺乏魅力的事物」**
- **「困難的事物」**

為什麼呢？因為許多人會避開這兩種選項，因此我會反其道而行。

如果是自己有信心的本業，我會選擇「困難的事物」；如果不是自己熟悉的領域，我會選擇「缺乏魅力的事物」。

比如說，如果是出版顧問的工作，我會選擇困難的案子。

然而如果是「投資」，由於不是我的本業，我會選擇缺乏魅力的案子。

我經營的書籍顧問公司「Elies Book Consulting」位於東京澀谷區。當初我決定購買那間房子，是因為那間房子對許多人來說缺乏魅力。

光是「位於東京澀谷區」，聽起來就很吸引人啦？

就地段來說，那間房子不貴。因為那間房子有攝影棚，一般人很難運用。

不過由於我從事媒體方面的工作，可以將攝影棚出租給攝影師或編輯。

意思是吸引人的事物會有許多競爭者，不容易差異化。是嗎？

如果設法讓原本缺乏魅力的事物變成吸引人的事物，就能像D先生說的「創造形成獨占狀態的藍海」嗎？

沒錯。我一開始之所以選擇商管書，也是因為商管書缺乏魅力。

雖然現在商管書很暢銷，不過我還在日本亞馬遜時，商管書屬於比較冷門的領域。那時候小說、漫畫等娛樂性較高的書籍賣得比較好。

不過我當時還是覺得「做商管書很吃香」、「我可以把它做大、做好」。

為什麼你那麼有信心呢？

因此和娛樂性較高的書籍相比，商管書的「性價比很高」。

什麼意思？

商管書「以低廉的價格銷售價值極高的資訊」。

就像聰明的投資者會選擇「明明有價值，價格卻不高」的股票。

這種投資策略稱為「價值投資」，績效非常好。

不好意思，「價值投資」是指？

價值投資是指——

「根據企業表現等標準來判斷並買進目前股價偏低的股票」。

一般來說，「低價買進潛力股」的成功率較高。

除了價值投資，還有一種稱為「成長投資」的投資策略。

這是「預期企業的成長性較市場平均優異並買進股票」的投資策略，「買進潛力股，無論價格如何」。而我認為比起成長投資，價值投資的獲利空間更大。

簡單說，經商的原則就是「一定要划算」。是嗎？

對。就像金森重樹（多角經營不動產、建設、連鎖飯店、醫療法人、社會福利機構等集團，年營業額逾一百億日圓）看了《模組化——全新產業結構的本質》（青木昌彥、安藤晴彥編著

／東洋經濟新報社）後經商成功般，商管書的價值甚至有可能逾億。

逾億的價值僅以一千五百日圓的價格銷售，是不是超級划算？

如果一本書可以創造逾億的商機，商管書的確價值連城。

不過我還在日本亞馬遜時，商管書屬於比較冷門的領域——正因為如此，我才會認為我有勝算。

你真的做到了，好厲害！

適性的選擇，更容易成功

從個人適性、競爭對手來判斷，我做商管書很吃香。**「是否適性」是很重要的選擇標準**。在成功率五成的情況下，適性的選擇更容易成功。

比起娛樂性較高的書籍，商管書更適合我。如果我當時負責娛樂性較高的書籍，一定不會那麼成功。

我們可以篩選幾個「對許多人來說缺乏魅力的領域」、「許多人尚未發現其魅力的領域」再從中挑選適性的選擇，這樣比較容易成功。是嗎？

沒錯，就像是「擁有自己的城池」。

在戰略上來說，建立城池是為了創造優勢——擁有城池，可以從上方射箭攻擊敵人；而且敵人從下方射箭，也不容易越過城牆。

D先生如何掌握個人適性呢？

我在思考自己的適性時追本溯源，發現與我的成長背景有關。

例如我不會特別想與名人成為朋友。真要說起來，我比較想與協助名人的人成為朋友。因為我喜歡隱身於幕後的「無名英雄」——家父正是這樣的人——，因此我覺得企畫商管書很適合我。

同時，我覺得自己有「很女性的一面」（笑）無法在都是男性的職場工作。出版等與文字有關的職場大多都是女性，比較適合我。

「朋友很少」也與我的適性有關（笑）。我小時候之所以閱讀很多書籍，是因為我的朋友很少。如果我的朋友很多，就沒有那麼多時間閱讀了。

「朋友很少」就社會層面來說或許不太好，但我認為在出版界反而是加分條件。在出版界可以閱讀很多書籍，因此對話的品質會提升。對話的品質提升了，就會想與相同水準或水準更高的人對話。所以我很適合出版界。

D先生在大家尚未關注商管書時，從事商管書的採購、評論與企畫等工作——建立了自己的城池，因此遠比競爭對手有優勢。

這都要感謝各位的支持。

投資的訣竅在於——如何解讀市場供需、低點適時進場

D先生投資股票時，如何選擇標的呢？

關於投資，華倫・巴菲特（Warren Edward Buffett）、喬治・索羅斯（George Soros）等大師留下許多心法。在此我想引用一些名言佳句，分享我少得可憐的經驗。

首先，我對投資產生興趣是因為我讀中學時讀了宮川總一郎的漫畫《金錢戰爭》。它雖然是漫畫，卻詳細解說了投資的基礎、交易的技術等，幾乎可以說讀完就可以開始投資。

我讀了這套漫畫後，又讀了許多投資相關書籍，並在踏出社會領到第一份獎金時開始投資。

結果呢？

我投資五十萬，賠了十萬。

現在回想起來覺得非常不可思議。我甚至在大盤走高時只因為「名氣」就買進股價偏高的股票，實在太丟臉了（笑）。

爾後我投資了日本股票、中國股票、外匯，雖然不是什麼了不起的金額，但我在三十歲前成功讓資產增加為原本的三倍——我以部分資產成立了現在的公司。

我還在日本亞馬遜時，我的工作和投資有異曲同工之妙。

採購必須依照自己的判斷，動用「數百萬日圓～數千萬日圓」的資金。從整張訂單來看，金額往往超過一億日圓。我認為這就是一種投資。

採購必須將商品行情拉至最高，因此心理層面承擔的壓力甚至超過投資（採購不可能自己清倉）。

偶爾會耳聞一些投資者表示：「我可以預測股市的高點」，我認為不懂風險的人才會這麼說。

沒有人能保證自己售出股票後的股價是漲是跌。如果現在的股價已然呈現了未來十年的價值，那我們不應該抱著股票等十年，現在就應該要售出股票。**曾擔任採購的我認為——相信「理論值」的人往往無法理解實際經營的情況。**

D先生擔任採購時，採取了哪些方法來減少風險呢？

我當時非常積極地推動預購。

為什麼要推動預購呢？因為預購等於有訂單時才進貨，可以減少庫存累積的風險。

因此我當時只要做好一件事——

比其他競爭對手早一步取得新書出版的資訊並推動預購。

提前掌握新書「初版時的印量」也很重要。如果明顯供不應求，那麼即使我們大量訂購也不會增加過多風險。

提前掌握供需情況，並大量訂購供不應求的商品——此邏輯也適用於投資股票或不動產。

為什麼呢？

各位知道華倫・巴菲特曾說過：「要買就買可以收通行費的橋」嗎？

不知道欸……

那麼請容我詳細說明。假設A地位於日本本島、B地在鄰近的小島上，而兩地只憑藉一座橋相通。

如果居民從A地移動至B地時必須經過這座橋，收通行費一定能獲利。

巴菲特以這座橋來比喻供不應求的商品——只要訂購供不應求的商品就能毫無風險地獲利。

順便告訴各位，這種獲得顧客壓倒性支持的知名企業稱為「消費者獨占型企業」。消費者獨占型企業可以在不景氣的環境下生存。如果股市行情因不景氣而下滑，消費者獨占型企業反而會是「買進」的標的。

所以我們可以考慮買進獲得顧客壓倒性支持但股價偏低的股票。是嗎？

掌握市場供需、買進股價偏低的股票是投資的重要原則。

有些人會透過市值、毛利率等數據來判斷企業，但如果不了解企業「為何受顧客支持」，股價很有可能突然暴跌。畢竟數據只是過去的紀錄。

身為採購，我必須預測哪些商品會受歡迎——過去的經驗告訴我，投資最重要的是早一步挖掘「其他人還沒有發現的價值」並大量訂購。

「免費」不會是好選擇

我長年鑽研行銷，發現**人們對「免費」十分敏感，甚至可以說無法抗拒。**

我也最喜歡免費了。

喜歡免費，是因為覺得「自己不會吃虧」。然而事實上，免費的往往最貴。
無法抗拒免費的人可能以為自己佔了便宜，但天下沒有白吃的午餐。
請各位想一想。

為什麼我們可以免費使用 Yahoo!、Google 提供的服務？

因為 Yahoo!、Google 可以透過網站賺取廣告費，而想刊登廣告的企業源源不絕。

各位或許覺得你瀏覽的資訊免費，但頻繁出現的廣告會使你「想要」那些你其實不需要的商品——就結果來說，你可能會花更多錢。

企業支付廣告費在 Yahoo!、Google 刊登廣告，我們看了廣告後購買商品。獲利的企業再支付廣告費在 Yahoo!、Google 刊登廣告，而我們再購買商品……雖然我們沒有直接付費給 Yahoo!、Google，卻透過販售商品的企業間接付費給 Yahoo!、Google了。

沒錯。

免費講座呢？免費獲得知識，難道不好嗎？

老實說，我認為參加免費講座的效果有限。

當然這不包捨「出版紀念講座」等有紀念性的講座，否則一般來說，參加免費或低價的講座只是浪費時間。

我覺得有些免費講座的內容很不錯呀。

我無法完全否定，但比例真的很低。

我認為講座的價值可以透過下列公式來計算——

- **講座價值＝「①有效的動機」×「②優異的方法」×「③認識講師的好處」×「④認識與會者的好處」**

第一是「有效的動機」。如果內容並非原創，講師無法確切說明「為什麼要這麼做」。同時因為沒有親身體驗，講師也會缺乏熱情且不清楚「應該要怎麼做」、「這麼做有什麼好處」。

第二是「優異的方法」。如果內容並非原創，資訊可能會因為失去「新鮮度」而派不上用場。就像不能因為便宜就購買不新鮮的魚。

第三是「認識講師的好處」。低價講座與高價講座的講師一定相差甚遠。

假設我們要實踐講師提供的內容，高價講座的講師可以分享最好的資源、低價講座的講師就不一定了。

第四是「認識與會者的好處」。畢竟與會者都是大有可為的人，多認識一些絕對有益於自己未來的發展。

接下來，我想問各位一個問題。

各位認為大有可為的人會吝於投資自己嗎？

大有可為的人應該會不惜一切投資自己吧。

是啊。

金融海嘯後，我曾舉辦過提供「現金回饋」的講座。

我會先向報名者收取保證金一萬日圓，並在活動當天退還——也就是說，報名者等於可以免費參加講座。

乾脆一開始就說可以免費參加嘛（笑）

金融海嘯後，景氣受到嚴重打擊，人們也沒有心情投資自己。不過我覺得這樣不行。

為什麼？

既然我們投資是為了增加本金，就不應該受到景氣影響啊。不是嗎？

我可以理解景氣不好會讓人不安，但「危機就是轉機」，景氣不好時更應該投資才是。許多人不了解這個道理。

景氣大好時，到處參加講座；景氣不好時，就不投資自己——這樣做不就等於將「參加講座」當做是一種娛樂嗎？實在太愚蠢了。

頂尖人士無論景氣好壞都會投資。就像懂得危機入市的人總是低價買進、高價售出一樣，所以能獲利。相反的，投資總是失敗的人往往追高殺低，淪為被收割的韭菜。

問題不是景氣不好，而是景氣不好就放棄投資的觀念與做法。

這與價值投資的道理相同呢！

當時我開放一百八十人報名，短短兩小時就額滿了。畢竟算起來等於可以免費參加。

所以我很生氣，從頭到尾都在說教（笑）

「你們都是看在免費的份上才來的吧？不過天下沒有白吃的午餐，接下來兩個小時，你們只能坐在這裡聽我說教。

頂尖人士絕對不會貪小便宜。你們或許知道我這個人，但不會花錢來聽我說話吧？如果今

天不是免費參加，你們會來嗎？這就是你們最大的問題啊！」（笑）

真不愧是D先生啊！（笑）

想必許多人聽了我的說教會很生氣：「你是誰啊？憑什麼這樣說我？」但我相信一定也有人心想：「被你這麼說實在太不甘心了！好，我就來報名你的付費講座，聽聽看你有多大的能耐！」事實上，《怦然心動的人生整理魔法》的作者近藤麻理惠就是其中一人。

包括「社長必備的行銷力講座」等，她積極地投資自己，付費購買教材與參加講座。結果她現在「投資有成」，就連在美國也是家喻戶曉的名人。

為什麼許多人不願意投資自己呢？

不願意投資自己，往往是因為過於在意絕對值。

之前我去秋田演講時，曾故意問與會者：

「如果我開課傳授『一定可以賺到一億日圓的方法』，各位想報名嗎？」

一開始，幾乎所有與會者都舉手表示想要參加。接著我問：

「如果參加費用是五百萬日圓，各位還想報名嗎？」

結果大家紛紛將手放下。這不是很奇怪嗎？

付五百萬日圓就可以賺一億日圓，卻沒有人想報名。

即使獲利一億日圓，五百萬日圓的支出還是讓人覺得吃不消？

那麼將金額調整為付五百日圓賺一萬日圓，各位投資的意願是否比較高？

其實付五百萬日圓賺一億日圓與付五百日圓賺一萬日圓的獲利率相同。

各位願意投資五百日圓而不願意投資五百萬日圓，關鍵就是絕對值。

被「免費」吸引、認為絕對值越低越划算……

如果你也有這些傾向，就很有可能無法致富。

野口悠紀雄在《超級納稅之道》（新潮社）中也曾提及——腦袋裡的財富再多，也不會被扣稅。

一般來說，企業的生產力增加、納稅額也會增加；但腦袋再怎麼有生產力，也不會被扣稅。因此，投資自己是最好的投資。如果各位想要培養判斷力，不妨「在做決定前試著以其他事物比喻或改變自己的觀點」。像是——

「你去買魚時，會故意買不新鮮的魚嗎？」

「如果你想保護一億日圓的鑽石，會雇用善用刀槍的年輕壯漢或赤手空拳的年邁長者擔任保鑣呢？」

只要不被眼前的利益誘惑，就能以正確的價格購買正確的資訊或服務。

就算價格稍高也無妨，希望各位可以先從購買優質商品開始練習。

不過《免費！揭開零定價的獲利祕密》（克里斯・安德森／天下文化）一書當年也很暢銷呀。

為什麼我認為「免費」不會是好選擇呢？「因為大家都想要」。

因為許多人會被「免費」吸引，僧多粥少，自然不會留下什麼好選擇。

如果只看一開始，或許情況不同。像是廉價航空推出「一張一百日圓」的機票一定數量有限，無法輕鬆取得。各位千萬不要覺得「總有一天，我也可以買到物超所值的商品」，因為機率真的太低了。

真的買不到嗎？

我覺得至少要有這樣的心理準備。不過人們往往會想「我一定可以……」、「我應該就是那個幸運兒吧？」我覺得最好不要有這些僥倖的想法。

基本上我們活在機率的世界。

因此我們不應該認為自己很特別，而是要正視**「自己的成功率與其他人的成功率相同」**這個事實。

LCC
¥100!!

此路不通，就試試看另一條路

儘管自己的成功率與其他人的成功率相同，但**有些事我們可以靠「努力」與「巧思」來提升成功率。**

以前我看電視，發現有位「蛤蜊達人」好厲害。

那位達人會潛入其他漁夫不會去的深海，捕撈尺寸驚人的蛤蜊。

不過深海的水壓太高，光靠雙手無法捕撈。他想到可以倚賴腰部的力量，因此會在腰部掛上工具再潛入深海，雖然不是很好看，但這就是一種「巧思」。

他潛入其他漁夫不會去的深海、採用其他漁夫不會做的方法捕撈，才能在漁市場「獨家」提供尺寸驚人的蛤蜊。

我明白了。那位達人選擇「其他漁夫不會去的深海」，而為了實現這個選擇而採取「倚賴腰部的力量並使用工具」的巧思。

沒錯。

在「採取相同方法」的前提下，絕大多數的人只會選擇「捕撈或不捕撈」。然而山不轉路轉，如果過去的方法派不上用場，不妨嘗試全新的方法。

那位達人不同於其他人的地方是他懷抱著夢想——夢想捕撈巨大的蛤蜊，因此選擇潛入深海。

經常有人問我：「怎麼做才能想出有創意的點子呢？」我認為想要有創意，就要先像那位達人一樣懷抱著夢想。

沒有夢想的人不會有創意。

大人們經常說：「人要有夢想！」可是夢想有那麼容易找到嗎？

我認為可以從思考「自己缺乏的事物」開始。

雖然我們的生活充斥各種物品，但並不是真正的「應有盡有」。

比如說「沒有朋友的人」或許可以在虛擬世界創造沒有朋友的人也能樂在其中的內容等。

我認為只要將「自己缺乏的事物」當做原動力，每個人都可以成為天才。

我想知道那對D先生來說是什麼？什麼是D先生的原動力？

小時候，我的生活缺乏「知性的事物」、「都會的事物」。為了追求「知性、都會的事物」，我選擇了與出版有關的工作。如果**只留意「自己擁有的事物」、「其他人已經在做的事物」，不會有動力也不會有巧思。**

因此我認為唯有從「缺乏的事物」出發，才能激發人們的創意。

靈光一閃就行動

D先生掌握的人脈廣、資訊也多，想必一定遇過許多好機會（笑），D先生有沒有後悔錯失了什麼好機會？

儘管我在這裡與各位分享如何選擇，但我常常在後悔：「早知道就這樣」「早知道就那樣」……

我常常因為過於優先考慮「個人情況」而錯失機會。

比如說我成立公司三年後，有人問我：「要不要併購那間公司？」

現在回想起來，當時那間公司剛破產，真要併購不無可能。然而我卻一口拒絕：「怎麼可能啊！」

為什麼當時你覺得不可能呢？

要讓破產的公司東山再起不是那麼容易，說實在我根本沒有經驗。加上我自己的公司還在成長，我覺得我應該要專注在我自己的公司。所以我想：「既然沒有天時地利人和，我就不能貪心」。不過我現在後悔了。如果當時我選擇「併購」，我的人生就不一樣了。

還有……比如說我明明覺得「UNIQLO」「YAHOO !」的股票會漲卻沒有及時買進。如果我及時買進，現在就賺翻了。

為什麼你當時沒有買進呢？

我發現「YAHOO!」上市時還在讀大學、發現「UNIQLO」上市時也才大學畢業沒多久，當時眼光還不成熟，因此覺得應該要多收集一些資料再決定。

事實上，收集再多資料都無法保證當下的選擇是否百分之百正確。然而我還是會擔心虧損，因此遲遲無法決定。

外匯市場、股票市場是漲是跌都與個人情況無關。**這個世界不會在乎你的個人情況，機會也是稍縱即逝。**因此如果你一直想著「等情況穩定再說」、「等我準備好再說」，你就會不斷錯失機會。

所以即使認為自己還沒有準備好，有好機會還是要掌握。是嗎？

好機會一定要掌握。我自己覺得最好靈光一閃就行動（笑）靈光一閃就行動，之後再運用巧思設法提升成功率就好。

D先生對「直覺」有什麼看法呢？許多心靈勵志的書籍說「直覺很重要」，我覺得D先生剛才說的「靈光一閃」和直覺很類似。

我認為直覺的定義應該是**「毫不猶豫地選擇素質比較好的選項」**。

「素質比較好」是指成功率比較高。

「因為相信直覺而成功」的案例不少，但在我的印象中，那些人大多擁有基本的金錢觀念與經營觀念。

因此這些人一定會選擇增加現金流、增加顧客名單、增加庫存等足以提升未來利益的選項。

思考、思考再思考，篩選出素質比較好的選項——這才是我心中的直覺。

不曾學習的人從未經篩選的選項裡隨意決定，這不是「直覺」，而是「草率」。

你的意思是有知識、教養與經驗的人在最後的最後做出的決定才是直覺。

我認為那些人看似憑直覺決定，其實他們已經篩選過了。至少我是如此。

!
我跳！
應該是這邊。

機緣成熟，就馬上行動

「機緣」是非常棒的詞彙。

我曾聆聽過法國服裝設計師皮爾・卡登的演講。他說與法新社攝影記者高田美之間的機緣，使他決定開拓日本市場。早年高田美受他賞識，開始拍攝他的作品並成為他的左右手。日本市場不一定夠大，但看重機緣的他仍決定嘗試看看。因此我認為機緣成熟就行動很重要。

先是靈光一閃就行動，接著是機緣成熟就行動嗎？

沒錯（笑）。

前一陣子我與幾位朋友一同前往「日本歷史最悠久的天滿宮」防府天滿宮（位於山口縣防府市）旅遊，並在參道旁的「天神工房」與製作日本傳統能劇面具的職人松田龍仁談話。

他拿著一張傳單說：「之後我們三個職人會在廣島舉辦聯合展覽。」結果我身旁的朋友看了傳單大喊：「啊！這是我的阿姨！」

我聽到也嚇了一跳，立刻決定：「真的嗎？那我們就一起去廣島吧！」

我認為環環相扣的機緣裡容不得「不」。

當對方值得信賴，我更沒有理由拒絕。

對方邀請我，我一定會赴約。

對方詢問我，我一定會答應。

既然機緣如此，個人意願就不那麼重要了。

我明白了。你之所以堅持靈光一閃就行動、機緣成熟就行動是為了使機緣更深、更廣，進而發現自己原本無法想像的商機或契機。

「價值」比「價格」更重要

大學一畢業，我進入大型遊戲公司工作，但我認為這是一個錯誤的選擇。

為什麼你覺得那是一個錯誤的選擇呢？

因為我現在認為「雖然不是那麼有名氣但有價值的公司」的成長空間會比「已經有名氣的公司」來得大。

然而當時我對這個觀點仍有一些猶豫，僥倖地想：「已經有名氣的公司也能有所成長吧？」

此外，我也忍不住顧慮父母的想法。因此就算我原本想選擇其他公司，我還是覺得選擇上市公司才能讓父母安心……

結果我工作沒多久就離職了，畢竟我從一開始就有些心不甘情不願。

之後我進入日本亞馬遜工作，因為我認為它是「雖然不是那麼有名氣，但很有價值的公司」。事實上，當時的日本亞馬遜隨時都有可能倒閉。雖然美國亞馬遜非常成功，但沒有人可以保證日本亞馬遜也能複製它的經驗。更何況當時日本已經有許多網路書店了。

我進入日本亞馬遜工作後，很快的網路經濟泡沫化。日本亞馬遜不僅出現一連串赤字，還受到媒體強烈的抨擊。原本曾高達一百點的股價也急速跌落，甚至只剩下五點。

想當然耳，許多和我同時期進入日本亞馬遜工作的同事決定離開。

但不知道為什麼，我無法背叛日本亞馬遜，決定留下來。

或許是我認為「受到媒體與業界強烈抨擊的日本亞馬遜」與「從小就像是獨行俠的自己」有異曲同工之妙吧。

當時許多同事離開日本亞馬遜是基於價格考量。

然而我認為價值比價格重要。

我認為「這間公司一定會成長，而我也會成長」，並抱持著這樣的信心持續努力。結果日本亞馬遜順利克服各種難關，一路成長至今，而我也度過了一段非常棒的上班族生活。

也就是說，你沒有受到股價或輿論的影響，而是相信亞馬遜的價值。

在進入日本亞馬遜前，我曾擔任寫手的工作。有一次，我負責為精品雜誌撰寫專題報導，訪問了許多擁有高級手錶的使用者。

其中有一位使用者是外商公司的社長（義大利人）。當我問他：「你在哪裡買到那支好看的歐米茄手錶？」，他給了我一個生活用品店的名字。

我以為他一定會說是在哪間歐米茄手錶專賣店買的，沒想到竟然是在街邊常見的生活用品店購入。

接著他說：

「我對自己的眼光有信心，不可能買到贗品，所以我不太在乎商品在哪裡販售。我在哪裡購入，不會影響商品本身的價值。這支歐米茄手錶之所以還在架上，也是因為它陳列在生活用品店，才會遲遲沒有賣出去。否則不可能乏人問津那麼久。」

意思是說，有時候我們覺得在專賣店購買精品會比在折扣店購買精品來得「高級」，但那只是當事者的「心情」，而不會影響商品本身的價值。對吧？

沒錯，這位社長的小故事讓我明白了一個道理——

有些商品之所以會以特價銷售，是受到販售地點的影響。

當商品與客層不符時，明明商品本身的價值沒有改變，價格卻會下滑。

像是在原宿很受歡迎的商品在鄉下地方很可能乏人問津甚至慘遭賤賣——此時，購入才是正確的選擇。

理由非常簡單，因為可以用低廉的價格購入價值很高的商品。

這也是一種價值投資的思維呢。

選擇「中古屋」、「中古車」比較划算

有些人認為買車就要買新車、買房就要買新屋。然而**就累積資產的角度來想，買中古車、中古屋比買新車、新屋更正確。**

我從來不覺得中古是件壞事。因為即使你買了新車、新屋，一旦使用了，新車、新屋就會立刻變成中古車、中古屋。

買新車、新屋也會變成中古車、中古屋。因此買新車、新屋和買中古車、中古屋一樣，差別只有自己使用或其他人使用而已。

家父總是教我：「買中古的就好」（笑）。

小時候家父經常帶我去逛二手商店，我曾覺得「為什麼要從這堆破銅爛鐵裡挑選，不直接買新品？」不過我後來發現家父深知「從破銅爛鐵裡也能挖到寶藏」的道理。

發掘超值商品的過程，就像是「尋寶遊戲」一樣有趣。

曾我們在一間二手商店看到一個因為公司破產而被賣掉的置物櫃。當我打開置物櫃，看見裡面有三個一百日圓硬幣。儘管我當時還是一個小孩，仍忍不住心想：「竟然把錢留在置物櫃裡，難怪這間公司會破產」、「沒有徹底檢查就把置物櫃賣掉的經營者真是少根筋啊」……

感覺真是個小大人。想必D先生從小就開始訓練眼光了吧？

就結果來說，是這樣沒錯。比如說我的辦公室裡有一張進口的椅子，原本要價十五萬日圓，但我在二手商店只花一萬日圓就買到了。

員工使用的德國製椅子原本是十萬日圓，我也是花一萬日圓就買到了。

由此可知，購置全新的辦公家具是效率非常差的投資，因為一旦使用了，它的價值就會迅速下滑。

只要在購買新品時，意識到中古品的價錢，就可以避免沒有意義的消費。你會很清楚地知道哪些是資產？哪些是消耗品？

最重要的是，你會知道這些商品對自己的生意來說是否值得投資。因此，我之所以購買中古的辦公家具，是因為購買全新的辦公家具對我的生意並沒有實質的意義。

失敗不一定是成功之母

我曾寫過一篇文章，談堪稱日本國寶的木製工藝品職人。在採訪的過程中，我發現樹齡超過一千年的樹木往往生長在神社等受到保護的地方。

我認為人和樹一樣，可以「安安穩穩的成長」非常重要，雖然在這麼長的人生裡，我們一定會受傷、一定會失敗，但我們要盡可能避免這種情況發生。

那是因為人只要受傷過就會一味渴望被肯定，失去判別真相、追求真理的真摯態度。

因此我認為，如果可以不要吃苦就應該盡可能避免。

不過大家都說：「人要從失敗中學習」、「失敗是成功之母」啊！

一個人想要成功，是不是一定要先經過失敗呢？

我認為失敗也好、吃苦也好，絕對不能因此而扭曲。扭曲是指——被情緒牽著鼻子走而一蹶不振。

即使失敗也要立刻修正、繼續前進。如果我們希望能以最短距離達到成功的目標，就要避免無謂的吃苦，安安穩穩地前進。

失敗會消耗我們的精神，我看過許多因為飽受精神折磨而沒有力氣繼續戰鬥的人。

我們必須避免無謂的吃苦與失敗，失敗了也要立刻修正、繼續前進。

沒錯。

我觀察了許多在**短期間內成功的人、年紀輕輕就成功的人。他們的共通點是——他們幾乎**

隨時都在修正，失敗時當然也是。因此他們其實只是「看起來一帆風順而已」。

比起真正一帆風順，隨時隨地修正其實更重要。

過去我曾住在日本神奈川縣一個名為「中央林間」的地方。

當時我經常光顧一間理髮店，那裡的老闆是個很特別的人。

有一次他在幫我剪頭髮時突然講了一段很有哲理的話：「剪頭髮就像人生，剪齊最難。所以要將剪刀斜著拿、立著拿，隨時變換角度細微地修正，讓頭髮線條看起來像是直直地一刀剪齊似的」。

我記得當時我因為失戀而心情低落，聽了他這一段話忍不住心想：「老闆該不會是察覺到我心情不好，才故意這麼說的吧」（笑），不過就像他說的，我認為成功的捷徑就是要隨時隨地修正，如果你希望經商成功，更要打鐵趁熱。所以應該要持續前進，盡可能走得越遠越好。

所以我們應該要盡可能避免失敗。

有些人說：「失敗會讓你更加順利」，我覺得那是騙人的。如果你因為失敗而一蹶不振，怎麼可能更加順利呢？

不過有些人失敗後可以東山再起啊。

失敗後可以東山再起都是心理素質十分穩健的人，他們即使身處逆境也能不斷地「在哪裡跌倒，就從哪裡站起來」。他們無論遇到什麼樣的情況都能繼續向前，也不會認為自己失敗。所以嚴格來說，他們並沒有失敗。

我認為，如果失敗真是成功的基礎，失敗也就不應該稱為失敗了。

爲什麼騙子無法致富？

D先生知識淵博、談吐風趣，感覺可以成為高明的騙子（笑）

其實我也覺得自己很適合騙人（笑）。

然而我絕對不會這麼做。

儘管我有騙人的能力，但是我不會騙人。真正的詐欺高手不會騙人，因為他們知道騙子無法致富。

詐欺犯罪不就是靠這種方法來賺錢嗎？

基本上，我覺得「誠實才能佔便宜」。

真正的的詐欺高手不會騙人，因為**經商要永續經營，首重培養忠實顧客。**

騙人不僅騙不了多久，而且風評會越來越差。

比如說在名古屋騙人，未來可能就無法繼續在名古屋生存。如此一來等於「失去整個市場」，頭腦好的人不會這麼做。

意思是誠實的人可以培養忠實顧客，而騙子只能靠謊言短期獲利。壞事傳千里。騙子只會搞砸自己的名聲，不可能長久致富。

我聽過許多說法，不過一個人一生大概會有一百至兩百五十名親朋好友。

假設以一百五十名來計算。二〇一九年三月日本約有一・二六億人口，除以一百五十名，表示一個人最多只能騙八十四萬人。

然而這也只是幻想，因為一個人不可能同時騙這麼多人。詐欺案件一發生，媒體就會大肆報導，所以一個人可以騙的人少得可憐。頂多只有八十四萬人的十分之一，八萬四千人；甚至只有百分之一，八千四百人。

騙子的獲利等於人數乘以單價。假設一個人騙一萬日圓賺不了多少錢，不值得冒那麼大的風險。因此史上知名的詐欺案件通常不是向很多人騙取小額金錢，而是向很少人騙取高額金錢。

被騙那麼多錢，絕對不會善罷甘休。

因此騙子往往不是鋃鐺入獄就是四處躲藏，生活品質自然不會太高。

經過如此縝密的計算，相信大家都已經明白「騙人無法佔便宜」。

誠實經商的結果又是如何？

即使一開始只有八百四十名顧客，只要這些顧客每個月消費一次（等於一年消費十二次）就能創造一萬人次的業績。十年下來，就有十萬人次的業績。

如果這些顧客每個人介紹十名顧客，累積十年，就有一百萬人次的業績。

即使每人每次只消費一百日圓，也能創造一億日圓的業績。每人每次消費一千日圓，就是十億日圓；每人每次消費一萬日圓，就是一百億日圓！

所以騙子無法致富。

因為騙子無法培養忠實顧客，勢必得調高商品的單價。**各位是否以為販售高單價商品的獲利較高？其實不然。**

大學畢業後，我在遊戲公司工作並派駐在電玩中心。此外，我工作一年後開始在一間高級古董店兼差。

騙子！
150人
150人
150人
チッ

那間高級古董店販售許多要價一百萬日圓以上的高級家具，但很不好賣。

另一方面，電玩中心的遊戲單價是一百日圓，非常便宜。

然而電玩中心的消費人次很高，因此就結果來說，電玩中心的獲利比高級古董店來得高。

看來向富人販售高單價商品的獲利，不一定會比向一般消費者販售低單價商品來得高呢。

事實上，「薄利多銷」還是最能穩定獲利的方式。

灰姑娘是絕世的騙子

相信大家都知道灰姑娘的故事。其實我認為灰姑娘是絕世的騙子。

灰姑娘是騙子？她不是心地善良的公主嗎？

只要徹底分析灰姑娘一連串的行動，就會發現背後隱藏著縝密的策略。

比如說？

灰姑娘被壞心的繼母、兩個繼母與其前任丈夫生下的姊姊欺負，就像家裡的女僕。

然而灰姑娘是貴族的女兒，從小過著富裕的生活。因此她並沒有打算就此放棄，而是在等待「扭轉情勢的機會」，並選擇參加王子舉辦的舞會。

為什麼她選擇了舞會呢？因為她知道「富人可以聞到富人的味道」。

即使她過著女僕般的生活，但她原本是富人。因此她相信王子一定會發現這件事。是嗎？

沒錯，王子不是笨蛋。當他見到灰姑娘，一定會發現「這名女子的氣質最好」、「這名女子十分有教養」等。

是不是因為灰姑娘能與王子進行比較知性的對話呢？

我也這麼認為。

然而如果她穿著破爛的衣裳，王子絕對不會理她。因此她請仙女幫她準備美麗禮服與南瓜馬車——其實仙女就像是她的美容師、造型設計師。

不僅如此，灰姑娘還穿著與眾不同的玻璃鞋（大家有聽說過比這更厲害的差異化策略嗎？）一般人怎麼可能選擇玻璃鞋呢？這實在太引人注目了。

因此我認為灰姑娘非常善於展現個人優勢。

不僅如此，她還故意將玻璃鞋留在樓梯上！真的是絕世的騙子（笑）。

灰姑娘不是不小心將玻璃鞋留在樓梯上，而是故意將玻璃鞋脫下來的嗎？

我認為她是故意的，或者有仙女建議她這麼做。

只有D先生會以「策略」的角度分析灰姑娘的故事吧（笑）。

只要有錢就能買到洋裝、好好地打扮自己，然而一時半刻無法提升對話的知性度。

因此我認為王子之所以為灰姑娘傾心，一定是因為他與灰姑娘相談甚歡。由此可知，我們必須要提升自己的教養。

與其花時間打扮自己，不如先好好閱讀嗎？

沒錯，我認為那是成為灰姑娘的捷徑。

爲什麼許多人選擇了錯誤的職場？

我一進入出版界就覺得「我屬於這裡」、「這是我的天職」。因為我不喜歡普通、不喜歡從眾，出版界的行動準則十分適合我。出版界推出一本普通的書，絕對不會暢銷，因為不會有人想買。與眾不同的書才能暢銷，因此出版界的人隨時都在想如何「差異化」——我非常喜歡出版界的這種氛圍。

人們在自己喜好的事物被否定時，會覺得很難受；相反的，當其他人稱讚自己喜好的事物，人們會感受到喜悅與價值。

因此，選擇「自己覺得很棒，其他人也覺得很棒」的公司（業界、領域）是基本原則。

假設眼前有兩間公司，一間公司「講究員工的工作態度，要求員工一定要準時」、另一間公司「不太在乎員工是否準時，而是以業績來評價員工」。如果希望以業績受肯定的人選擇了前者，就會失去對工作的熱情。

因此我認為個人的行動準則與公司的行動準則相符非常重要。

然而許多人會做出錯誤的決定，一如當時選擇了遊戲公司的我。

所以就是很快就辭職了。

此外，**我認為選擇職場時的「選擇標準」非常重要**。

不過許多人會根據「主管很優秀」、「公司很有名」、「上市櫃」等與「自我成長」、「成功」完全無關的標準來選擇公司。如此一來，結果自然不甚理想。

只要有明確的選擇標準，選擇方式也會跟著改變。

的確。

如果有明確的選擇標準，就可以選擇「適合自己的工作」、「適合自己的人」，並避免「不適合自己的工作」、「不適合自己的人」。

萬一選擇了不適合自己的工作，那個不管再怎麼努力，都不會有好結果。更有甚者，還會被貼上「無能」的標籤，導致自己的品牌價值下滑。

我從以前就一直希望「到世界各地看一看、走一走」，因此我的選擇標準是「能夠安排長期休假」。

日本亞馬遜認為「只要員工能做出好成績，可以自己決定如何工作，當然也可以安排長期休假」，因此符合我的選擇標準。

在日本亞馬遜工作，不增廣見聞就無法提升生產力。因此主管不僅同意我安排長期休假，也要求我們持續閱讀。對我如此熱愛閱讀的人來說，閱讀成為工作實在是太棒了。

提升利潤的關鍵在於「交涉力」

各位認為，提升利潤的關鍵為何？

我認為是「交涉力」。

為什麼承包商比較弱勢？因為缺乏交涉力。只要有交涉力就能提升利潤。

員工組成工會，也是為了提升交涉力。

在經商的世界除了有「好眼光」、「選擇力」，還得與對方交涉。這個道理就像是即使知道股票會漲，如果沒有買進就不會獲利。交涉是獲利的必經過程。

交涉有哪些技巧呢？

交涉最重要的是，創造「只能與適合的對象交涉」的狀態。

我們可以創造那樣的狀態嗎？

我有一個方法——透過訊息創造那樣的狀態。

如果想要提升效率，就得在有限的時間與利潤較高的顧客接洽。為此，我認為應該要吸引適合的對象主動找上門來，而不是像無頭蒼蠅般到處尋找。

同時還得想辦法遠離不適合的對象，避免浪費時間。當然這不能明講，得透過訊息設立過濾機制。

如何設立過濾機制呢？

控制訊息的方法，大致上分為三種：

①明確指出目標族群
②明確告知價格
③明確列出「不做的事」、「無法做的事」

❶明確指出目標族群

這是最直接的方法，像是明確指出「限社會人士」「限三十歲以上男性」等目標族群。或者透過網頁照片、設計與海報等來過濾。如果有實體店面，也可以透過室外與室內的裝潢與擺設來過濾。

如果目標族群是五十多歲的使用者，採用這個年齡層喜愛的藝人協助宣傳也是一種方法。最重要的是，要讓不是目標族群的人覺得自己格格不入。

的確，人不會靠近覺得自己格格不入的地方。

如果了解「顧客可以根據各種不同的購買行為來分類」，就可以更加正確地控制訊息。

❷ 明確告知價格

我在講座也經常提到，價格具有過濾顧客的功能。像是五千日圓的講座、一萬日圓的講座和三萬日圓以上的講座，目標族群完全不同。

就消費行為而言，預算不一定是最大的考量，性價比也很重要。顧客支付三萬日圓，就會期待獲得的商品與服務有符合甚至超越三萬日圓的價值。

如果各位希望以價格來吸引適合的對象、遠離不適合的對象，平常不妨以「了解市場」的心情，購買各種價格的商品與服務。

此時最要不得的是，因為一時的快感或惰性而買、因為便宜而買。如果想提升自己的眼光，就要盡可能避免上述情況。

❸明確列出「不做的事」、「無法做的事」

經商時最應該避免的是，因為失焦而增加無謂的成本。顧客很任性，一旦你答應顧客的要求，顧客就很有可能得寸進尺。

站在企業的角度，為了要避免上述情況，我們必須明確列出「不做的事」、「無法做的事」。

二十世紀的傳奇CEO傑克．威爾許主張的「選擇與集中」，簡單說就是排除「不做的事」、「無法做的事」，專注精神做自己能力可及的事。

每間公司都有擅長與不擅長的事。事前明確列出「不做的事」、「無法做的事」，就能遠離不適合的對象。

就我所知，獲利的公司通常都在「不做的事」、「無法做的事」畫出很明確的界線。否則公司就會變成「什麼都做」，最後只能是利潤很低的承包商。

尤其是身處資訊化時代，明確指出並加強自己的事業，更能使需求增加。

無論是企業或個人，都應該這麼做。

配合對象來使用可供交涉的武器

我們於公於私都會使用交易時的交涉技巧。最簡單的例子就是「以金錢購買商品」的行為。在此情況下，我們是以金錢交換商品，因此交涉會因為「交換」而成立。原則上，任何事物都適用於交換。

不用金錢來交換也可以嗎？

由於我們身處資本主義社會，往往會以金錢來衡量一切事物。然而這世上不是只有金錢才

有價值。每一個人感受到的價值，也會因為立場與情況而有所不同。因此交涉時，我們必須要先了解對方心中的價值為何。

當雙方都覺得「對方擁有的事物比自己擁有的事物更有價值」，「交換」就能成立。因此我們可以透過提升自己擁有的事物的價值、正確評估對方擁有的事物的價值來改變交涉的條件。

怎麼做才能達到這個目的？

如果我們是買方，能看出賣方提出的內容是否具備相符的價值，就可以盡可能壓低價格。相反的，如果我們是賣方，只要能提升自己擁有的事物的價值，就能設定比較高的價格。交涉時可以使用許多「武器」，我在此舉幾項具代表性的例子。

❶稀有（供需）

供不應求，是交涉時非常有利的條件。如果有競爭對手，稀有這項武器更能發揮作用。因此我們只要讓對方意識到競爭對手，交涉就會更加順利。

❷付款條件

包括現金付款、信用卡付款、分期付款等，付款條件是交涉的武器之一。站在買方的立場，如果賣方需要現金，可以透過現金付款來爭取折扣。

❸持續

只要持續與賣方交易，買方就能爭取折扣。不過站在賣方的立場，要留意的是如果營業額中很大的比例是持續交易的買方，可能會被牽著鼻子走。

❹未來吸引其他顧客的效果

如果可以讓賣方知道——與我們交易可以吸引更多顧客、與我們交易能對商品或企業產生宣傳效果，賣方可能就會自動降低價格。許多廠商會贈送商品給知名藝人試用，就是基於此道理。

❺套裝組合

賣方一次販售多樣商品，可以提供折扣；買方一次購買多樣商品，就可以爭取折扣。賣方可以考慮與其他業者合作，而買方可以考慮團購。

❻ 社會評價

與大企業有生意上的往來、參與志工服務等回饋社會的活動，都可以提升社會評價。這就是為什麼許多講師前往知名企業或大學演講時，不會在乎演講費多寡。

❼ 實際的標準（de facto standard）

如果使用某項商品已經成為整體社會的標準，不使用那項商品會讓人覺得有負面的風險時，價格就會很難降低。

❽ 行情

雖然行情不是由某個人決定，但我們可以運用此概念控制價格。

❾ 降低成本

除了價格，如果賣方能設法降低買方付出的成本，就能以此與買方交涉。比如說家電量販店在販售冰箱時提供處理舊冰箱的服務、網路書店提供免運費的優惠等，都是相同的道理。

⑩ 期限

與有時間壓力的對象交涉會比較順利。比如說當賣方現在就需要現金、當賣方在三月底前需要達成兩百件業績、再晚一週簽約就會損失一個月的房租等，這些都是不利於賣方的情況。因此買方交涉時就會比較順利。相反的，當你是賣方，絕對不能處於這樣的情況，否則你就要做好沒有退路的心理準備。

⑪ 商品缺陷

像是賣相不好的蔬菜、沒有中文說明的商品等，賣不出去還得花工夫處理的商品，就有可能以驚人的低價成交。

交涉有各式各樣的武器，而每一種武器的使用方法皆因情況而不同。最重要的是，我們必須要客觀掌握自己身處的情況、可以運用的武器——如果只是感情用事，就很容易在交涉時吃虧，甚至犯下覆水難收的錯誤。

《稻草富翁》告訴我們的成功祕訣

我非常喜歡《稻草富翁》這個故事。

因為我認為《稻草富翁》描繪了三項致富的關鍵條件。

三項關鍵條件？

老實、創意與交換，三項關鍵條件。

我不太清楚《稻草富翁》的故事……

故事描述一名貧困的年輕人向觀世音菩薩祈求：「請讓我變得富有」，當時觀世音菩薩對他說：「你要好好珍惜你走出寺廟後第一樣拿在手裡的東西。」

沒想到他走出寺廟沒多久就跌了一跤，站起身時手裡抓住一根稻草。

他原本打算將稻草丟在路邊，但突然想起觀世音菩薩對他說的話，於是他小心翼翼地將稻草拿在手上。

後來他以稻草刺穿了一隻牛蠅，拿在手上看起來很有趣。

這個故事之所以成立，是因為他「老實」聽從觀世音菩薩的話。

如果我們想要致富，必須老實接受「比自己更有實力的人」的建議。

沒錯。

再者，他將稻草與牛蠅結合在一起。

以不同的發想將既有的兩項事物——尤其是性質相異的兩項事物——結合在一起，就是「創意」。

如果只有稻草，就只是稻草；如果只有牛蠅，也就只是牛蠅——然而稻草與牛蠅結合在一起，看起來就像是個玩具。

後來那名年輕人看見路邊有小孩在哭泣，便以手裡的「玩具」讓小孩停止哭泣。

那名小孩的媽媽滿心歡喜，決定送橘子給他，聊表謝意——這是故事裡的第一次「交換」。由於事態緊急，使他以不值錢的稻草與牛蠅換到了橘子，非常划算。

他以稻草與牛蠅換到了橘子後走著走著，在路邊看見一名美麗的女性身體非常不適，於是連忙讓女性吃下橘子。女性恢復精神後，送了一塊高級而精美的布料給他。這次也因為事態緊急，而完成一般來說不太可能的交換。

獲得布料的他十分開心，之後遇見一名牽著一匹馬的男性。那匹馬感覺病懨懨的，而那名男性不停地罵馬：「真是沒用」。沒想到那名男性一看到他手中的布料，便半搶半強迫地以馬與他交換布料。他萬般無奈，但覺得馬實在可憐，所以決定細心照料。在他的呵護下，馬很快就恢復昔日英姿颯爽的風采。

即使你因為工作成功而致富，也不一定能立刻獲得上等的資產，上等的資產都被特權階級獨占了。所以我認為先取得「細心照料就能成為上等的資產」的「病馬」是很聰明的做法。

之後他騎著馬繼續前進，並來到一座宅邸前。當時宅邸的主人正要出門，非常欣賞他的馬：「這匹馬真是俊美啊。如果你將牠送給我，我就讓你住在這座宅邸裡。」

他還在猶豫時，看見之前他幫助的那名美麗的女性從宅邸走了出來。原來她是宅邸的主人的女兒。當她告訴她的父親：「他曾救過我一命」，她的父親立刻決定讓他們兩人成婚。就這樣，他以一根稻草換得了宅邸與美嬌娘，過著幸福、快樂的生活。

以一根稻草交換一間房子……這真的是交換有趣的地方。

只要各位實踐老實、創意與交換（交涉）三項關鍵條件，一定可以致富。

不過的確許多人在第一個階段就會遭遇瓶頸，也就是不夠老實（笑），如果有時間閱讀奇怪的心靈成長書籍，不如老實地接受其他人的建議，效果一定更好。

老實
神諭

神諭

交換

第三章

讓「關鍵人士」成爲你的助力

與成功率較高的頂尖人士來往

無論經商或人生，都無法單槍匹馬作戰。我們必須與其他人合作，而合作對象的能力將決定你的勝敗。合作對象有時是你的助力；有時是你的阻力。

因此**如果想成功，必須「與成功機率較高的頂尖人士來往」**。

我第一次和頂尖人士來往，是在日本亞馬遜工作時。當時我負責在日本亞馬遜撰寫書評，結識許多暢銷書作家與其責任編輯，而我發現頂尖人士果然都擁有提升成績的資質。

那是什麼樣的資質？我想知道頂尖人士的共通點。

我認為提升成績的資質可以分為下列四種：

①接受事實的勇氣

②採取合理且大膽的策略

③擁有說服相關人士的熱情與能力

④死纏爛打，絕不輕言放棄

❶接受事實的勇氣

接下來，我將依序說明。

我還在日本亞馬遜時，結識了許多編輯。能力較差的編輯有一個共通點：他們很容易啟動自我防衛機制。

自我防衛機制？

簡單說，就是只要其他人提供意見——像是：「這樣做可能會更暢銷」——他們就會生氣或是忽略。他們無法就事論事，只會自說自話。這讓我很驚訝。

看著他們，我經常會想：「他們不愛自己的工作，他們只愛自己。」

我認為工作能力出眾的人，都很愛自己的工作。因此即使遭受批評，他們也會為了更上一層樓而努力修正。相對的，**工作能力較差的人一旦被攻擊，就會淪為自尊心的奴隸，而無法合理行動。**

事實上，許多人認為工作是一種謀生工具或成長管道，但我認為工作應該是「為其他人貢獻一己之力」的方法。

如果一個人只顧著自己的利益而忘記「人人為我，我為人人」的道理，那他不可能勝任什麼了不起的工作。

❷ 採取合理且大膽的策略

在介紹這項資質前，我想起 GOMA BOOKS 已故會長羽山茂樹先生的一個小故事。

他是什麼樣的人呢？

GOMA BOOKS 有一套知名繪本《小不點》，故事內容十分抽象。因此當初在決定要不要

出版時，他們內部出現許多不同的聲音。

不過由於女性員工大力推薦，他們在反覆思考後還是決定出版。決定出版的關鍵是羽山茂樹先生的一句話：「正因為不知道會不會成功，才要試試看。」

一般的經營者在不知道會不會成功的情況下，應該會選擇放棄吧。

然而羽山茂樹先生選擇「賭一把，瞧瞧這部超乎想像的作品是否能暢銷」。

從事創意工作的人，必須與眾不同才能創造差異。正因為如此，只要依照常理判斷「可以試試看」，即使面對陌生的事物也要有挑戰的勇氣。

如果要做出成績，必須接受事實、擬定策略。

❸ 擁有說服相關人士的熱情與能力

然而如果只是接受現實、擬定策略，不一定能做出一番成績。如果想做出一番成績，還得獲得其他人的協助。因此我認為「擁有說服相關人士的熱情與能力」也很重要。

以出版界為例，包括作者、編輯、企畫行銷、通路、店員、讀者、媒體等相關人士必須抱持熱情一棒一棒接力下去，才能創造暢銷書。

我們要怎麼說服別人呢？

首先，一定要有熱血。如果你是創作者，必須確實讓身邊的人感受到你的熱血。**如果連創作者都缺乏熱血，身邊的人又怎麼會願意為你大力銷售呢？**

身為創作者，必須要詳細告知相關人士「創作緣由」，包括動機、契機與其社會背景等，否則無法將熱血一棒一棒接力下去。

D先生的論點總是相當理性，沒想到會從D先生口中聽到「熱血」兩個字（笑），我一直覺得D先生是很「冷」的人。

關於熱血，有件事讓我終身難以忘懷——那發生在我第一次以日本亞馬遜創始成員的身分，前往當時位於東京澀谷的總部時。

那時候日本亞馬遜正悄悄地準備開幕，當我們推開寫著「Emerald Dreams」的大門，迎接我們的是充滿活力的職場、面帶微笑的同事。

當時我最早攀談的對象是負責網站開發的同仁松本晃一先生（《日本亞馬遜的祕密》的作者）。

還記得松本先生一看見我就說：「你就是D先生吧，讓我們一起做出超棒的網站吧！」

聽到他這麼說，我就深深地相信——

日本亞馬遜將會是一個充滿熱血的公司，在這裡工作一定能創造歷史！

我之所以這麼想，是因為日本亞馬遜讓員工「隨時處於懷抱熱血的狀態」。

我認為懷抱熱血的人最有能力說服其他人。

無論作品為何，創作者都應該要自問：
「這真的是我想要創作的事物嗎？我的作品足以回饋社會、世人嗎？」
有趣的是，這些埋下熱血種子的商品，都會相當暢銷。

最後一項資質「死纏爛打」又是什麼意思呢？

❹死纏爛打，絕不輕言放棄

大規模的工作往往會牽扯到各種利害關係。規模越龐大，結構就越複雜。其中最難的是，掌握該業界（公司）的「關鍵人物」。如果要大規模地推出商品，一定要先掌握關鍵人物。

假設你從事業務工作，卻無法掌握重點店鋪的負責人。如此一來，要創造暢銷商品絕非易事。兩者的道理相同。

問題是，大家眼中的關鍵人物——包括我——看起來都不太容易討好（笑）。

哇！
哇！
哇！
超級熱血的！
太熱血了！
好熱血啊！
(認真)
(認真)

D先生看起來的確不太容易討好（笑）。

這一點請容我為自己與其他人辯白。我認為不容易討好的人，不是故意的，一定都有原因。

具體來說，是什麼樣的原因呢？

不容易討好的人之所以不容易討好，是因為「有必須守護的事物」。

假設你是 7-11 的採購，就必須讓消費者認為「7-11 有許多好商品」。即使你的朋友推出某項商品，你也不會只因為「對方是朋友」而在 7-11 的店面販售對方的商品。

不明白這個道理的人，可能會因為被對方拒絕而鬧彆扭，甚至想方設法強迫推銷。然而這麼做的結果只會破壞好不容易建立起來的關係（人脈）。

最重要的是，我們必須理解對方背負的壓力，並鍛鍊自己的提案能力。

舉例來說，對方或許對商品本身沒有興趣，但是對創作商品的人與公司有興趣，或是對商品使用的素材、成分有興趣。

最糟糕的情況是商品本身有問題，那再怎麼提案都無以為繼。不過這樣的經驗仍然可以作為往後開發商品的參考案例。

最重要的是絕不輕言放棄，一定要死纏爛打。

我們不能迴避不容易討好的關鍵人物，而是要確實掌握他們的標準。

如果能說服不容易討好的關鍵人物，你獲得的成果很有可能是平常的十倍以上。這樣一想，就會覺得努力有其價值。

辨別眼前的人是敵是友

各位覺得選擇時最大的風險是什麼？

答案是「受騙」。

受騙最令人難受，所以我們必須要養成「看人的眼光」，避免受騙。

D先生如何訓練「看人的眼光」呢？我們如何分辨哪些人值得信任、哪些人不值得信任、哪些人會騙人、哪些人不會騙人呢？

現在的年輕人很在乎對方「是不是好人」。

不過對方是不是好人會因環境與狀況而改變。世界上沒有永遠的好人。

比如說原本是好人的人可能會因為債台高築為金錢所苦而改變，不再是個好人。或者因為覺得對方人很好而選擇與對方結婚，也無法保證對方一輩子都這麼好。

我們要記得，「世界上沒有永遠的好人」。因此看人時，不能以好人或壞人這種模稜兩可的標準來看。世界上沒有永遠的好人、沒有永遠的優質股，也沒有永遠的蛋黃不動產。比起是好人或壞人，我認為以「他是否有欠債？」、「他的工作表現如何？」這些條件更重要。

我們要如何辨別眼前的人是敵是友呢？

關鍵重點有四：

①這個人是否擁有可以為我貢獻的能力？

②這個人是否擁有協助我的動機？

③這個人是否誠實？

④這個人會不會為了我認真工作？

我認為第四點「這個人會不會為了我認真工作」與報酬制度有關。

我第一次購買不動產時，曾問不動產仲介業者：「房仲業如何支薪？」

當時對方告訴我房仲業的報酬制度是「買賣價格的百分之三加六萬日圓」。兩百萬日圓的價差，對不動產仲介業者來說只是「六萬日圓的酬勞」。

所以不動產仲介業者心裡會想：「『才』少兩百萬日圓，快點賣一賣啦。」

可以進一步說明嗎？

做生意，最困難的是尋找買家。

只要我們站在不動產仲介業者的立場，就會明白這個道理。如果買家好不容易出現了，只差金額談不攏，不動產仲介業者一定會想方設法盡快售出。

假設物件的定價是三千兩百萬日圓，而買房希望以三千萬日圓購入——對不動產仲介業者來說，酬勞的差別是六萬日圓。即使居中交涉，費盡千辛萬苦讓買家以三千兩百萬日圓購入，不動產仲介業者也只多賺六萬日圓。

如果交涉失敗，賣家堅持不肯降價而錯過了這個買家，不動產仲介業者就得為了六萬日圓從頭來過。一次交易可以獲得幾十萬日圓甚至幾百萬日圓的人，很難為了六萬日圓而心甘情願地承受上述負擔。

也就是說，當我們身為賣方，不動產仲介業者會是我們的敵人？

對。當你是買方時，不動產仲介業者是你的朋友；當你是賣方時，不動產仲介業者就是你的敵人。賣房子時千萬不能被不動產仲介業者牽著鼻子走。

好有趣，我從來沒有想過可以用報酬制度來判斷對方是敵是友。

不動產的交易，只要找到一名買家就能成立。只要你能找到那一名買家，就不需要被不動產仲介業者牽著鼻子走。

了解報酬制度真的很重要。

請多依賴關鍵領袖的意見

D先生會參考網路評價來縮小選擇範圍嗎？

比如說，當我們今天想在澀谷吃美味的鮮魚料理而上美食網站搜尋，就會看到非常多的餐廳。這些美食網站提供排名，對縮小選擇範圍來說十分方便。

然而我們無法透過美食網站上的評價得知留言者是否了解菜餚、是否精通美食，因此我不會對這些評價囫圇吞棗。

一般人覺得好吃與老饕覺得好吃，有一定的差距。

不過如果重視的是性價比，我會看美食網站的評價；但如果是在比較正式的場合，比如說

「今天想奢侈一點，吃一頓大餐」、「今天要招待重要人物」等，我會請教關鍵意見領袖。即使是參考美食網站的評價，我也會特別挑選「名人精選」的餐廳。

聽起來，D先生建議我們參考少數值得信賴的意見，而不是多數的意見。最近大數據很受矚目，但D先生認為「多數不一定正確」，對嗎？

《引爆趨勢：小改變如何引發大流行》（The Tipping Point）的作者麥爾坎・葛拉威爾（Malcolm Gladwell）以「少數原則——找到關鍵意見領袖」來說明此事。簡單說，**我們必須掌握各領域的關鍵意見領袖**。

只要參考關鍵意見領袖的資訊，選擇就不會出錯。

D先生身邊有這樣的關鍵意見領袖嗎？

當然。

例如，我想了解尖端科技時，我會請教麻省理工學院媒體實驗室伊藤穰一先生、理論學家加來道雄先生等；想了解投資時，我會請教藤野英人先生等。

我們要如何找到這些關鍵意見領袖呢？

我認為與知名度無關，重點是「是否活躍於第一線」。如果我們一味跟風，想著：「追蹤名人準沒錯」，無法收集好資訊。畢竟名人不一定活躍於第一線。

不要放過專家隨口說說的話

我擔任寫手的工作時才二十四歲，曾因為採訪日本特有的賭博活動摩托車競技的專家而前往摩托車競技場。我還記得當時專家隨口說了一句：

「這個組合竟然賠一百倍，真奇怪……」

當天我除了採訪之外，沒有其他行程。聽到專家這句話，我和其他夥伴便決定要留下來小賭一場。當然那是我第一次賭博。

儘管我第一次賭博，但還是買了賠率一百倍的彩券。話雖如此，由於我的本金很小，所以最後贏得的錢也不多……

不過那場小小的勝利，讓我再次深刻地感受到選擇的力量。

許多時候，我們的人生會因為一個選擇而出現天差地別的轉變，做生意、投資、結婚皆然。

此外，我還曾發生過這麼一件事——我還在出版社工作時，無意間聽見素以ＩＴ、數位見長的前輩隨口說了一句：

「日本亞馬遜這間公司還不錯。」

就因為這樣，後來我決定進入日本亞馬遜工作，而日本亞馬遜也真的迅速成長。

這兩個小故事告訴我們：不要放過專家隨口說說的話，那有可能會扭轉你的人生。為什麼我特別強調是「隨口說說的話」呢？

因為就算是專家，如果請他站在官方立場發言、對自己說的話負責，他就會因此而顯得保守，決定提供比較安全的答案。

這些比較安全的答案不會有以小搏大的機會。所以我認為不需負責而隨口說說的話，反而比較珍貴。

隨口說說的話裡，很有可能隱藏著千載難逢的「明牌」。

這個組合竟然
賠這麼多……
隨口
說說

害怕孤獨就無法創新

各位認為，為什麼這麼多人依賴評價呢？

因為不想吃虧嗎？

不想吃虧也是原因之一，但最重要的關鍵在於「社會認同原理」。

社會認同原理？

人們會希望自己和其他人一樣，

「大家都這麼做，我也必須這麼做。」

「既然大家都說這個很好，那就一定很好。」

不過我認為大家一定要放棄那一些所謂「大家都這麼做，我也必須這麼做」的選擇。為什麼？因為就算大家都這麼做，也不一定是對的。別人的蜜糖很有可能是你的毒藥。

因此我完全不擔心與一萬人為敵，甚至與一百萬人為敵。因為我認為「我才是對的」。

D先生好強悍啊！

當然會出現「一百萬人是對的，而我錯了」這樣的情況。反過來說，也會出現「一百萬人都錯了，我才是對的」這樣的情況。唯一可以確定的是，只有自己知道這個選擇是否適合自己。

我知道這個選擇是否適合自己，因此我不會在意其他人如何評論。同時我幾乎不與其他人比較，因為那經常會讓帶來錯誤的認知。以我自己為例，以前我們一家四口住在「兩房一廳，房租六萬二千日圓」的公寓，我每次看見新蓋好的大廈就會想買。因為公寓相比，新蓋好的大廈看起來簡直就是天堂。然而問題是新蓋好的大廈是否具備「讓我花三千萬日圓以上，背三十年的房貸也要購入」的價值？

沒有嗎？

借世界頂尖的投資家華倫·巴菲特的話來說，「一個人是一百二十公斤或是一百五十公斤並不是問題，因為兩者都是肥胖」。

各位**如果想做出正確的選擇，應該在相對的概念上增加絕對的概念。**

相對是指「比較」嗎？

沒錯。

你不需要成為「班上最帥的人」，但要成為「自己覺得很帥的人」。

相同的，你不需要去與其他人比較所得孰高孰低，但要仔細計算你的人生需要多少所得才能過得充實。

如果你不這麼做，只是一味與其他人比較所得孰高孰低，難免會忌妒甚至陷入「收入再高都無法滿足」的窘境。

最重要的是，將下列這些觀念從自己的腦海裡消除——

「大家都這麼做，所以我也……」

「與其他人相比，我……」

各位做選擇時一定要以「絕對的概念」為標準，其他的就不重要了。

一般來說，我們都會在意其他人的眼光與評論，包括「不希望別人說自己的壞話」、「不想要被別人批評」……我可以理解D先生的意思，但一定有人不欣賞D先生的做法吧。不過我想D先生就算被其他人否定也不會動搖。D先生為什麼能如此堅強呢？

比如說，有些人參加我舉辦的講座後會在問卷上留下負面評論，而且可能不是批評講座的內容，而是批評我這個人的人格。即使如此，我也不會在意。我甚至會覺得：「原來大家這麼愛我！」（笑）

因為絕大多數的評論都帶有情緒，或許是因為不滿我在講座或是其他地方說的話。然而我不會也不需要知道對方為何不滿。

因為那個人就算否定我，還是願意付錢來參加講座啊。我想這可以解釋為：「他其實很喜歡我，只是他不知道該如何表達。」

事實上許多人一開始很討厭我，但直接與我交談後才發現「其實這個人很可靠。」

因此我看到這些評論總是會覺得很可惜：「哎呀，如果對方直接與我交談，一定會很喜歡我」（笑）。

D先生好樂觀啊（笑）！

如果我的著作或講座的內容有理論上的破綻，我會很誠實地反省。然而不需要因此消沉，甚至難過。

因為人的一生就是一邊修正、一邊成長。只要這麼想，你就會認為被批評也是成長的養分。

人出生時是一個人，死去時也是一個人。

我希望成為擁有獨特存在感的「原創」。

害怕孤獨就無法創新，因為 only one 就是只有一個人啊。

不過，一般人都很害怕孤獨。

我也是人，也會感到不安與寂寞。那為什麼我不害怕孤獨呢？我追根究柢地想，發現答案是因為「我知道我的父母很愛我」。

遭受再大的批評與打擊、工作再怎麼不順，

「現在的我很有價值。」

「即使現在的我沒有價值，未來的我也很有價值。」

唯有能這麼想，才可以變得強大。成功的人不會執著於自己的想法，而是會隨時隨地修正。不過人在面臨一種情況時，會開始執著於自己的想法而無法改變——那就是，當世界上沒有其他人相信自己時。

是否有自信與父母給的愛有很大的關係？

如果不是由父母帶大，也要有人取代父母。父母扮演著很重要的角色——不會只在乎「小孩的現在」，而是會相信「小孩的未來」。

人在獲得信任時、備受期待時才能努力向前。所以我覺得父母的責任十分重大。

平常D先生的心情也會受到影響嗎？

當然，我經常受到影響。不過我們要學習的是，如何修正自己的心情——我認為環顧四周是非常好的方法。

我的身邊有很多優秀的人，所以我會相信：

「既然我的身邊的人都這麼優秀，我一定不會失敗。即使發生緊急情況，我也可以拜託身邊的人幫忙。這麼優秀的人願意與我為伍，表示我『至少不會太差』，所以我一定會成功。」

發射「隱藏訊號」吸引其他人

請問我們要怎麼做，才能與關鍵意見領袖等擁有真正的好資訊的人來往呢？D先生說自己從小就惹人厭，喜歡孤獨，現在卻擁有強大的人脈，請問是如何辦到的？

吸引其他人有許多方法，而我認為下列兩種方法最重要——

①購買足以吸引其他人的物品

②鍛鍊自己的表達能力

❶ 購買足以吸引其他人的物品

只要購買足以吸引其他人的物品，就能與「特別的對象」縮短距離。

過去我曾短時間擁有一輛古董車。當時一名知名化妝品品牌的頂尖設計師——她是一名來自法國的女性——特地來向我攀談：「我非常喜歡你的車。」

如果我駕駛一輛很普通的汽車，這名女性一定不會對我產生興趣；因為我的車充滿魅力，我才能結識過去我絕對不可能認識的頂尖設計師。

現在我對當代藝術十分感興趣，因此購買了希臘船王歐納西斯（Onassis）大力推薦的藝術家的作品。我因此而與其創辦的財團、雅典的畫廊結了善緣，並透過雅典的畫廊認識了一些希臘的富豪。

就建立人脈、累積資產來說，古董、藝術品都是非常好的投資（笑）。

你的意思是，平時就要堅持使用好的物品、有故事的物品嗎？

比如說穿成衣的西裝也無妨，但要在領帶夾、領帶等小地方下工夫，擁有足以讓其他人感興趣的物品。身上穿的、用的不能隨便。**只要足以成為對話的材料，就能廣結善緣。**

因為人們會對「隱藏訊號」有所反應，就像是心意相通的人會有其他人不知道的暗號。

隱藏訊號？

比如說，我很喜歡去新宿的鬧區，那裡就有許多隱藏的訊號。像是那裡有一間酒吧名為「吠月」。相信喜愛閱讀的人都知道其由來是詩人萩原朔太郎的詩集《吠月》，然而對文學、出版或萩原朔太郎沒有興趣的人一定不知其所以然。

因此我認為平時穿一些或用一些「同好一眼就能看得出來，不是同好完全不會有反應的暗號」很重要。

也就是說，發射隱藏訊號可以吸引志同道合的人。

不過水能載舟，亦能覆舟，一定要思考隱藏訊號吸引的會是善緣或孽緣。

像D先生現在的領帶就很好看。

謝謝。

雖然我不是那麼了解時尚，但在選擇穿著時，我一定會以「希望獲得哪些人的共鳴」這個標準來選擇。

過去我購買西裝時，會指定條件請店員幫我挑選：「我最近要去紐約，請幫我選擇符合紐約文化的西裝。」光是配合對方的喜好，就能拉近與對方的距離。

重點是要讓對方覺得「這個人的磁場和我的磁場很合」，對嗎？

沒錯。

第二點「鍛鍊自己的表達能力」是指？

我們的遣詞用句也是吸引其他人的隱藏訊號之一。

一個人「使用哪些詞彙」、「了解哪些專業用語」將決定他能吸引到的人。共同話題對人們來說非常重要，但是討論「演藝圈的話題」的對象與討論「希臘哲學的話題」的對象完全不同。

比如說，當我提到：

「最近很流行訂閱制這樣的商業模式，我認為現在的年輕人傾向選擇月租型服務，是因為對未來沒有信心。畢竟就業機會沒有獲得保障，『擁有』一事的風險也會增加許多。」

如果對方對我說的這段話有所反應，我就能判斷「他和我是相同等級的人」、「他的見識非常豐富」——等於我就能判斷對方值不值得來往。

行銷的世界有所謂的「逆行銷」（demarketing）。簡單說就是，行銷時必須排除「沒有機會成交的對象」。我認為這樣子的觀念非常重要。

因為你花再多的時間在沒有機會成交的對象身上，也只是白費力氣。

所以行銷時要下工夫，避免吸引沒有機會成交的對象上門。

基本上，我希望可以吸引「為了更上一層樓而願意不惜一切努力的人」、「願意投資自己的人」，因此我會有意識地發射能吸引這些人的隱藏訊號。

也就是說，如果我們想與有素養的人來往，自己就要有素養。是嗎？

我認為要讓自己有素養，閱讀是不可或缺的方法。許多人認為「網際網路的普及會使紙本書消失」，我的確也覺得有一部分的雜誌——只是為了傳達資訊的雜誌——已經功成身退。

然而書不一樣。因為書是頂尖人士之間的暗號——隱藏訊號。

只要知道「對方正在閱讀哪些書」、「覺得哪一本書有趣」，就可以判斷對方是否比自己優秀，或至少可以判斷對方是否與自己相同等級。

追隨大師與導師以獲得靈感

相信D先生也是某些人心中的關鍵意見領袖吧。

只是聽了我提供的建議不一定會成功，還是有可能失敗。

我後來發現，失敗的人有一個共通點。

共通點？

他們會將自己失敗的責任推到其他人身上。比如說他們會因為「如果我按照D先生的話去做卻失敗了，D先生也不會負責，我必須一肩扛起所有的風險」而不採取行動。

不採取行動的人，無法客觀地觀察自己。因此無法客觀地判斷應該要相信自己還是其他人，即使其他人明顯比自己來得順利。如果他們願意一而再再而三地嘗試成功機率較高的方法，一定會成功；但如果他們沒有這麼做，自然會以失敗收場。

如果無法相信一個順利的人、成功的人——所謂的關鍵意見領袖，那不妨聽聽十個關鍵意見領袖的意見。我們不需要全盤相信一個人，可以從十分之一開始嘗試。

最重要的是，我們必須先拋棄「萬一失敗了該怎麼辦」這樣的想法。

假設你是棒球投手，在比賽的九局下半時遇到「兩隊同分，目前對方兩人出局而滿壘，一旦被對方擊出安打就輸了」的情況。各位認為，許多人此時會怎麼想呢？

如果是我，可能會一直想「萬一被擊出安打，一定會被大家罵」、「萬一輸了，就是我的責任」吧。

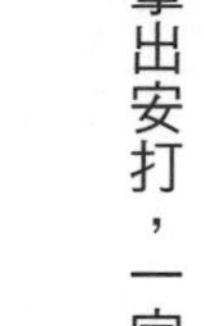

是吧。

不過成功的人此時會樂觀地想「如果我確實壓制對方的打者，我就是今天的MVP了」。也就是說，不要去想「萬一失敗了該怎麼辦？」而是要想「萬一成功了該怎麼辦？」當我們這麼想，就能充滿行動力。「怎麼辦？萬一成功就太了不起了。」各位不覺得講完這句話後會感到很雀躍、很興奮嗎？對想著「萬一成功了該怎麼辦」的人來說，短暫的失敗反而非常幸運——因為短暫的失敗，會讓他們更加期待最後成功的果實（笑）。

要我來說，我認為想著「我連一次都不想失敗」、「我已經失敗一次，不想再繼續了」的人非常天真（笑）。世界上的事，本來就沒有那麼容易成功。

假設我們按照關鍵意見領袖、頂尖人士的話去做，卻沒有想像中順利。我一定會帶著微笑再去請教對方一次。

如果我們按照對方的話去做卻失敗了，還要再去問一個人的意見嗎？

沒錯，而且我會告訴對方：

「我試了你之前說的方法但行不通。我知道這件事沒有那麼容易，所以你故意考驗我，看看我會不會失敗一兩次就氣餒，對吧（笑）？我不會因為這樣的挫折就放棄，請再告訴我其他方法。」此時，對方一定會提供比之前好的意見，而我會按照對方的話再試一次。

如果又失敗了呢？

我會再去請教對方的意見，一而再再而三地（笑），重點是給對方壓力，**讓對方知道我是認真的，他也會因此而變得認真**。如果各位身邊有大師或導師，一定要抱持這種「鐵杵磨成繡花針」的毅力請教對方。如此一來，對方也會認真地提供意見，畢竟這與對方的名聲有關。

拿我自己來說，如果有想出書的作者一直來請教我的意見，我一定也會想：「這樣下去不行，我一定要去拜託我認識的編輯，讓他的提案通過。」

如果各位身邊有大師或導師，一定要這麼做。

我從來沒有想過可以這麼做……D先生真的太厲害了！

雙方的選擇不同時，先統一「大前提」

當我們隸屬於某些組織，像是公司或學校，自己的選擇可能會與其他人的選擇不一樣。

比如說我想選擇專案「A」但主管要求我選擇專案「B」。

遇到這種情況，應該如何處理呢？要設法讓對方接受我的意見，還是依照對方的意見去做呢？

在鈴木博毅先生的著作《氛圍「超」入門研究——影響日本人思維與行動的二十七種無形壓力》（鑽石社出版）提到「氛圍＝某種大前提」。

在日本的企業經常有人說：「你很不會察言觀色」、「你搞不清楚情況」——意思是，你一定要了解大家都知道的「前提」。

當你的選擇與主管的選擇不同，若是以「結論」來爭個高下會沒完沒了，最後變成兩條沒有交集的平行線。**結論之所以不同，是因為對前提的詮釋不同。**

所以我們應該要統一前提。前提一旦改變，情況就會完全不同。

可以舉例說明嗎？我們應該要如何統一「大前提」呢？

比如說先別急著做出結論，而是回過頭思考「我們的的願景是什麼？」、「當初為什麼想要做這個專案？」、「顧客有哪些期望？」等。統一前提後，就比較容易導向相同的結論。

當我還是上班族時，我曾經找主管來談一談。

不是主管找D先生談一談，而是D先生找主管談一談嗎？

對（笑）。

那名主管新加入團隊，也就是所謂的空降部隊。他總是搞不清楚情況，卻想強迫大家接受他的想法。結果所有部屬都對他很有意見。

因此我找他來談一談，告訴他：「我們的團隊目前處於這樣的狀態。為了讓你融入我們的團隊，我有一個建議……」由於此前提符合主管的利益，因此他願意傾聽。

如果我只是一味地責備他：「你的做法行不通」，他一定會很生氣；但我先提出前提「理想的團隊狀態」，我們才能進行具有建設性的對話。

不執著於眼前的結果而是回過頭討論前提，才能協調雙方的想法。

如果爭論結果，大家都會變得意氣用事；如果討論前提，對話就會比較有建設性。因此如果雙方的選擇不同，我認為統一大前提是非常好的做法。

上班族最大的前提是「對公司有利」，所以只要回過頭思考此事，大致上都能使意見一致。因此我們要小心，別錄取不喜歡公司的人。

各位也要留意，別因為條件很好而選擇自己不喜歡的公司。

第四章

掌握有價值的「資訊」

「效果」比「效率」重要

資訊的收集與選擇是一個組合。**好的選擇、有道理的選擇、成功機率較高的選擇等選擇都需要「高價值資訊」**。

什麼樣的資訊可以稱為「高價值資訊」呢？

我經常在講座介紹以下這個故事——

假設各位為了銷售一本商管書而寄送一萬封電子郵件給目標族群。根據我的經驗，如果沒有特別下工夫設計，大概只有百分之五的人會閱讀。也就是說，寄送一萬封電子郵件，只有五百人會閱讀。

其中「買書的人」大概也只有百分之五。如此計算就是「寄送一萬封電子郵件，可以賣出二十五本書」。

只能賣出二十五本？

不過如果各位在文案下工夫，將各階段的人數提高一倍，各位覺得營業額會是二十五本的幾倍？

兩倍？

不，答案是四倍。

如果寄送一萬封電子郵件，有百分之十的人——等於一千人——閱讀。

其中又有百分之十的人買書，最後就可以賣出一百本書，就是二十五本的四倍吧？順便告訴大家，我在日本亞馬遜工作時，我的轉換率是百分之二十。

百分之二十的意思是，D先生寄一萬封電子郵件會有兩千人閱讀、四百人買書，營業額是二十五本的十六倍！

我想要告訴大家的是，**「撰寫文案的技巧具備花費四倍到十六倍的時間學習的價值」**。

假設現在有A、B兩個人，分別為銷售一萬日圓的商品撰寫文案。

A花費一個小時完成、B因反覆修正而花費八個小時才完成。

就結果來看，A的轉換率是百分之五，成功讓一萬名目標族群中的二十五人購買商品。

雖然B花費比較長的時間，但轉換率是百分之十，成功讓一萬名目標族群中的一百人購買商品。

各位認為應該如何評價這兩個人的業績？

假設兩個人的情況相同，年薪四百萬日圓、一年工作兩百五十天——那麼兩個人的日薪就是一萬六千日圓。

接著以一天工作八小時來計算，兩個人的時薪就是兩千日圓。

因此，花費一個小時完成的A等於以兩千日圓的時薪創造二十五萬日圓的業績；相對的，花費八個小時完成的B則是以一萬六千日圓創造一百萬日圓的業績。

就每日圓人事費創造的業績來說——

A＝二十五萬日圓÷兩千日圓＝一百二十五日圓

B＝一百萬日圓÷一萬六千日圓＝六十二・五日圓

也就是說，A比較有效率嗎？

不，不一定。

因為即使A花費一個小時就完成工作，但我們不確定A如何運用多出來的七個小時。

此外，A得再重複三次工作，才能銷售一百件商品。

包括廣告費、庫存費與重複三次工作的人事費等成本（＝六千日圓）以及使顧客認為「這是滯銷商品」等影響，我認為B的表現遠比A來得好。

尤其是講究創意的工作，**如果一味注重效率，欲速則不達。**

我在公司稱此為：

「效果比效率重要。」

在追求創意的世界，與其做出一百本可以銷售一萬本的書，不如做出一本可以銷售一百萬本的書。

為此，我經常告訴大家：

「別去想效率，要絞盡腦汁追求效果。」

最近的商管書經常教人如何追求效率，但其實為了追求效率而去閱讀十本甚至二十本書，是非常沒有效率的行為。

如果有這麼多時間，不如漁獵各式各樣的書籍，獲得與眾不同的靈感。

這樣一來，不僅能做出業績、提升知識的稀有性，還可以提升自己的工作單價。

嗯……
完成了！

篩選出「應該閱讀」的書籍

為了提升「效果」，我們應該閱讀哪些書籍？
如何選書，才能接觸高價值資訊呢？

考慮到「效果比效率重要」，我們必須篩選出應該閱讀的書籍。
我認為重點有四：

①選擇歷久彌新的書籍

②選擇特定作者的書籍

③選擇跨領域的書籍

④選擇闡述「原因」而非「結果」的書籍

1 選擇歷久彌新的書籍

各位閱讀時如何選書？如果答案是「從新書裡找」，「效果」不太好。因為新書與舊書相比，**歷久彌新的書比較有價值**。

現在走進書店，商管書的架上大多只有新書。不過世上不是只有新書。這也是選擇時的一大原則——**如果我們只聚焦於眼前的選項，認為那就是一切，可能會錯失大好的機會。**

我認為值得閱讀的書籍很多，包括歷久彌新的經典、千古流傳的古典甚至是艱澀難懂的專業書籍——即使他們沒有擺在新書的架上。

如果各位真的想藉由閱讀提升自己的價值，應該要去尋找這樣的書。

2 選擇特定作者的書籍

現在我已經離開日本亞馬遜了，所以可以跟大家分享這件事——其實我在日本亞馬遜工作時，曾因為邀請大學時代的恩師撰寫書評而使恩師生氣。

沒想到D先生也會使別人生氣。你做了什麼事？

我邀請大學時代的恩師撰寫書評時，只有告訴恩師書名與出版社。恩師非常生氣地罵我：「我不了解這名作者，怎麼寫書評呢？」

為什麼一定要了解作者？就算不了解作者，只要書的內容夠好，就可以寫書評了吧？

商管書十分講究含金量。內容如果不是正面的，就沒有閱讀的意義；如果內容會帶來反效果，更是不碰為妙。

所以閱讀商管書應該要重質而不重量。

我們**需要學習的是，成績斐然的人的思維與原則。因此閱讀商管書時必須慎選作者。**

如果作者沒有活躍於第一線，他的想法勢必會慢慢變得陳腐——因此商管書的作者以活躍於第一線的人為宜。各位選書時不妨留意這一點。

❸ 選擇不同領域的書籍

人們的心理會有所謂的「偏誤」，偏好自己擅長、喜愛與可以理解的事物。

因此許多人會為了現在拿到九十五分的科目努力，想要再進步五分，拿到一百分。

然而**我認為應該將心力花在其他只拿到五十分的科目，設法進步二十分。**就經商的角度來看，這麼做比較合理。

以我們公司的出版策略講座為例，當講座名稱為「讓你推出的自我成長書暢銷一百萬冊！」往往一位難求。

反觀當講座主要是談通路等內容，即使對出版行銷非常重要，卻常常只能售出半數門票。

儘管兩者的內容都很充實，但內行人一看就知道後者更能派上用場。因為對許多作者來說，通路等內容是只拿到五十分的科目。

D先生也曾如此提升成績嗎？

最簡單的例子就是大學入學考試。

其實我讀高中時並不是非常用功，但我還是考取慶應義塾大學，就是因為我努力讓那些只拿到五十分的科目進步二十分。我讀高中時總是愛上不上，成績也不是太好。

雖然我很喜歡英語、世界史等科目，但我在大學入學考試前，幾乎沒有做什麼準備。可是只考英語、世界史的學校不多，因此後來我集中精神，來準備我完全沒有接觸過而其他人也很容易忽略的科目。

是什麼科目呢？

答案是「小論文」。

當年我報考慶應義塾大學綜合政策學系與文學系，雖然我的記憶有些模糊了，但我記得這兩個系的小論文平均成績很低。

文學系的小論文平均成績是四十幾，而綜合政策學系的小論文平均成績是五十幾。

因此我以這兩個系為目標，請高中的國文老師花了一個月的時間加強訓練我的小論文。

我覺得再怎麼努力，小論文都無法拿到高分。

就是因為有很多考生認為「再怎麼努力，小論文都無法拿到高分」，我逆向操作才能與眾不同。我透過加強訓練，在全國模擬考的小論文拿到平均八十幾的最高分。

結果呢？

後來我同時考取了綜合政策學系與文學系。

真不愧是D先生。

「在大家都懷疑這麼做有沒有效果時，集中精神使只有拿到五十分的科目進步二十分」，一直到現在，這還是我獲勝的大原則。

我們常常認為加強自己不擅長的科目比較沒有效率，但其實「效果很棒」呢！

沒錯。

所以我也建議各位，培養跨領域學習的習慣。

❹選擇闡述「原因」而非「結果」的書籍

世上所有事物都有「原因」與「結果」。如果我們將某件事分為原因與結果來思考，我們選書的標準就會改變。

一般人會傾向知道結果，因為「結果」簡單明瞭。

然而如果我們想要成功，就不應該只看結果，而是要了解其背後的原因。

只要找出原因，一而再再而三地嘗試成功機率較高的，大多都比較順利。

我認為「找出原因的過程才是人類的價值」。

比如說有一本書寫到「A公司連續二十季營收正成長」——這個結果很棒，但就只是結果。真正重要的還是原因——

「為什麼他們能達成連續二十季營收正成長的成績？」

如果有一本書寫出「為什麼」，等於具體闡述這間公司的核心，就非常值得閱讀。

不輕信媒體提供的資訊

雖然我自己從事媒體相關工作，但我認為「懷疑媒體」、「不輕信媒體提供的資訊」非常重要。

因為**媒體有報導「極端」的傾向**。

比如說，當媒體報導希臘發生公車挾持事件、槍擊事件，身在日本對希臘不了解的人一定會想：「希臘是不是很危險？」

然而我曾造訪過希臘幾次，我覺得希臘非常安全。說不定是因為我的五官比較深，所以經常有人認為我是希臘人（笑），我遇到的希臘人都很親切。

為什麼日本人覺得希臘很危險呢？

因為日本人平常沒有接觸希臘的資訊，只會記得媒體報導的危險案件。

如果媒體只報導了五則希臘新聞，其中一則是公車挾持事件、一則是槍擊事件，人們難免會覺得希臘很危險。

媒體為了收視率、為了銷售量，會刻意收集令人感到震撼的資訊。

如果我們只憑印象來判斷，就會出現相當大的偏誤。

我再舉一個簡單的例子——假設我們要根據新商品的資訊來投資。

許多人會根據新商品的銷量來投資，我覺得這個做法值得商確。

為什麼？

如果真的要投資，必須停、看、聽，確實調查新商品整體的業績、利潤等詳細資訊。

即使新商品十分暢銷，創造了一億日圓的年營業額，對資本額三千億日圓的企業來說也只是九牛一毛。

資訊有絕對與相對兩種概念，我們必須妥善取得平衡。

當我們得知「年營業額一億日圓」這樣絕對的數字，必須從相對的角度來觀察，包括整體營業額佔比、業界平均、員工平均營業額、成本等。

當我們聽到「合格率達百分之九十」，就要確認母數、合格者總數等數字。

簡單說，經商會接觸到各種數字，**如果各位想成為聰明的商務人士，就要去解讀隱藏在這些數字背後的真相與事實**。

!
90%

第五章

以策略吸引「好運」

好運是由貴人帶來的

D先生對「運氣」有什麼樣的看法？D先生講求邏輯，感覺不會靠運氣等肉眼看不見的事物來作為選擇的標準。

在商務場合談論「運氣」的確不太合乎常識。

不過許多成功的人會很明白地說：「我只是運氣好。」

因此我認為運氣是非常重要的元素。**同時我認為「天助自助者」，我們可以刻意地、有策略地召喚運氣。**

「運氣好的人」應該不是偶然運氣比較好，而是他們懂得實踐「讓運氣變好的習慣」。

運氣並非偶然，而是可以自己創造的嗎？

沒錯。

D先生覺得什麼樣的人可以稱為「運氣好的人」呢？

我覺得運氣是由人帶來的。

那麼什麼樣的人會帶來好運呢？答案是「好人」。如果我們身邊都是好人，運氣就會很好。

此處的「好人」不是溫柔等個性很好的意思，而是指「受眾人信賴」。

「受眾人信賴」就會有許多工作機會，而我們也能因此而受惠。因此我認為讓自己的身邊充滿好人，就是使運氣變好的訣竅。

我們要怎麼做，才能讓自己的身邊充滿好人，進而使運氣變好呢？

我認為下列八個習慣，可以讓自己擁有好運。

①相信自己的「改變力」
②重視自己的「根」
③鍛鍊自己的武器（專業）
④懷抱「感恩的心」
⑤不輕言放棄
⑥重視業界的「鐵達尼號」
⑦在「金錢」與「時間」保留餘裕
⑧不逆流而行

接下來的內容有點長，不過我想依序來說明。

1 相信自己的「改變力」

我哥哥過去是一名田徑選手。有一年過年，他邀請我一起去爬家鄉（秋田縣男鹿市）的「寒風山」。

當時正值嚴冬，而登山單程距離是七公里。我記得大概才走了一公里，我就開始後悔（笑）。

「我不想再走了……我一定會凍死。一公里就那麼累了，我怎麼可能活著回去……」

然而之後我的身體逐漸適應，還是成功登頂了。人類的潛力無窮，隨時都可以改變。

面對艱難的局面時，人們難免會說喪氣話，像是「我無法面對這麼嚴峻的挑戰」、「我無法勝任這麼辛苦的工作」等，但希望各位相信自己的「改變力」。

辛苦時、不順時，人們難免會想逃避。

我可以理解想逃避的心情，但逃避的人無法擁有好運。因為一旦逃避了，就會被社會輿論貼上逃避的標籤。

大家總是比較肯定那些勇於面對辛苦、困難的人吧？

另一方面，大家會否定逃避的人。最可怕的是，人們會因為逃避而不再肯定自己，甚至會否定自己。久而久之，就會失去自信。

無論失敗多少次，只要沒有失去自信就能東山再起。所以絕對不能逃避。

我們要相信「自己可以改變」，勇於跨越眼前的難關，才能擁有好運。

❷ 重視自己的「根」

不逃避真的很重要，但說句難聽的，D先生不是也從秋田逃到這裡了嗎？

我覺得不順時，成熟的大人不會逃避，而是會保持距離。

我在秋田時確實感覺自己格格不入，但我並不討厭秋田。

我經常參加秋田的聚會。如果有人邀請我去秋田演講，我也會一口答應。

為什麼我不討厭秋田？無論好壞，秋田畢竟是我成長的地方。

我認為唯有重視自己的「根」，才能擁有好運。

我不相信靈性，完全不相信「向神明祈禱就能擁有好運」之類的說法，但我每次回秋田都會去神社參拜。我知道我是為「祈求家鄉平安」而去，而這種自覺使我的內心更加堅強。與某種事物有所連結的感覺，會讓人變得堅強。

D先生所謂的「某種事物」是指家鄉，也就是「根」嗎？

就算說「在東京努力，是為了提升家鄉的形象」也很好。以自己的「根」為傲的人不僅堅強，運氣也比較好。

❸ 鍛鍊自己的武器（專業）

近年我十分熱衷於藝術祭，也實際參觀了世界各地的藝術祭。之前我前往紐約的一間畫廊時，認識了一位眼光很好的藝術經紀人芬德利（Findlay）。

芬德利曾負責全球拍賣行兩大巨頭之一佳士得的印象派及現代藝術。

我告訴他：「最近我企畫了一本由近藤麻理惠撰寫的書，在美國也很暢銷」。他十分感興趣並開口問我：「我也有出書，不知道能不能翻譯成日文？」

結果等於我的專業帶來了好運，因為專業是貢獻一己之力最大的武器。

因為對芬德利先生來說，擅長出版企畫的D先生擁有「可以為我貢獻的能力」。如果能讓芬德利先生那樣的頂尖人士成為自己的夥伴，運氣一定會變好。

我也這麼認為。

❹ 懷抱「感恩的心」

我非常感謝出版界。在我孤獨時，書拯救了我；在我對未來感到迷惘時，出版界收留了我。

人只要懷抱感恩的心，就會自然想報答、想回饋，所以會比平常努力。比平常努力，器量就會變大；器量變大，成績就會越來越好——這樣等於處於「好運的狀態」。

我認為**想做出成績，必須讓運氣良性循環**。試想，當你的工作夥伴都是「想報答、想回饋業界的人」，工作起來一定非常輕鬆愉快。

既然輕鬆愉快，就能做出成績；因為做出成績，又會再吸引一起工作輕鬆愉快的工作夥伴加入……只要產生這樣的良性循環，運氣不好也難啊。

因為喜歡這個業界，所以會比平常努力。

「喜歡」的心情也很重要，但沒有那麼大的影響力，因為**「喜歡」不一定會與「努力」結合。**

為什麼？

因為一旦不喜歡了，人們就會放棄。

即使原本再怎麼喜歡，當那件事情變得辛苦，人們很難持之以恆。

然而懷抱「感恩」與「報恩」的心情就不一樣了，人們不太會放棄。

像是「因為對方很期待我的表現，我想要回報他的肯定」、「那個人曾救過我，現在換我來救他」等，就算遭遇困難也會為了對方設法克服。

原來「感恩」的影響力比「喜歡」來得大。

所以我認為選擇自己喜歡的工作很好，但選擇自己想報答、想回饋的業界會讓自己更加堅強、更加好運。

❺ 不輕言放棄

我認為即使無法立竿見影也不輕言放棄，是讓自己運氣變好的原因之一。

當我開始一些新的事物時，我會先預估「從零開始到做出成績，需要多少時間」。因為不是每一件事都能立竿見影。

D先生成立公司時，預估多久時間能做出成績呢？

我從成立公司前就一直認為：

「出版一本書得花費一年完成、花費一年銷售，再花費一年來檢討、修正才能出版下一本書——這樣等於要花費三年才能做出成績。

如果是暢銷書，時間可能要拉長為七年。如果花費七年懷抱感恩的心，為出版業界盡心盡力卻還是沒做出成績，我就承認『自己不適合』吧。如果我一年企畫十本書、七年企畫七十本書都不暢銷，我就承認『我沒有才能』吧。」

結果你花了多久的時間才企畫出暢銷書呢？

我在二〇〇四年成立公司，剛好是七年後企畫了銷售逾百萬冊的暢銷書《怦然心動的人生整理魔法》。

如果我們追求立竿見影，只能獲得少少的利潤；想獲得巨大的報酬，一定要有耐心。因此我認為不輕言放棄很重要。

❻重視業界的「鐵達尼號」

我認為不重視業界的鐵達尼號，人不可能成功。

業界的鐵達尼號？

各位都聽過《鐵達尼號》這部電影吧？看了那部電影，有些人熱淚盈眶、有些人嗤之以鼻：「那部電影……」

我認為批評《鐵達尼號》的人，缺乏接受主流的視野。我猜測他們誤以為批評主流才等於有自己的想法。

如果在自己的業界也一味批評主流——等於不願意正視消費者的心情——絕對不可能創造暢銷商品。

我認為發自內心喜愛「業界的暢銷商品」並思考為什麼暢銷，是使運氣變好的祕訣。

7 「金錢」與「時間」保留餘裕

想使運氣變好，就不能為錢所苦。

那是因為D先生很有錢，一般人很難游刃有餘吧。

我不這麼覺得。我從收入還不理想開始，就已經決定要將錢花在哪些地方了——我只在能創造未來的事物上花錢。因此我的金錢才能保留餘裕。

在能創造未來的事物上花錢？

像是為自己安排旅行並擬定一年一百萬日圓的預算。

一百萬日圓！這個數字也很可觀呢。

為什麼我能存這麼多錢呢？因為我將「房租」省了下來。因為旅行能創造未來，但房租不行。

住宅是「結果」——只要成功，就能住在好的房子。如果你還沒有成功就住在好的房子，等於失去創造未來的成本。

如果你在無法創造未來的地方花錢，你的運氣就會很差。

我可以告訴大家的是，從收入來看，我的房租金額低得不可思議。因此我可以將錢存下來，並運用在使自己成長的地方。

東省西省，感覺會被太太或其他家人抱怨。

如果住在比較便宜的房子，但每個月去高級餐廳吃一次飯呢？

假設這麼做能節省五萬日圓的房租，那麼即使支出兩萬日圓的餐費，也能將三萬日圓存下來——等於一年可以存三十六萬日圓。

相對的，雙薪家庭一年可能可以存五十萬日圓。此外不妨不要買車。在都市養車的費用絕對比搭計程車的費用來得高——如果不需要養車，就算盡情搭計程車應該還是可以儲蓄。

刪減固定費用是「節流」不可或缺的原則，而房子是最大筆的固定費用。

說句不怕被誤會的話，我認為上班族不應該買車，因為不能報帳。老闆之所以開車——而且是高級轎車——是因為可以報帳，還可以當做資產來處理。

相同的，「時間」也要與「金錢」一樣保留餘裕，才能使運氣變好。

可是我每天都很忙，怎麼保留餘裕呢？

無論再怎麼忙，如果對方是你「非常想認識」、「希望進一步來往」的人，你也要說：「我隨時都有空」（笑）。

我認為**「讓自己有空」也是一種技巧**。

前一陣子我刻意空出一天，在社群網站上發了動態說：「我好閒」。結果從大阪到東京來玩的朋友就邀請我，和他一起去見了前首相的家人、音樂家，使我的人脈更加寬廣了。

就算沒空也要說「有空」嗎？

我一定會這麼做。

就算沒空也要說「有空」，才會有更多的好機會上門。

感覺D先生一年三百六十五天都在工作，沒有私人時間……

我不會將公私分得那麼清楚，反而能「一石二鳥」。因為人在私人時間時會採取比較大膽的行動。比如說，男生會為了取悅女生而購買高級的禮物，但他們不會對自己這麼好（笑）。我認為這是相同的道理。

我會在私人時間處理公事，

也會在公務時間處理私事。

如此一來，就會願意住比較好的飯店、去平常不會去的地方等，透過這些行動鍛鍊自己的眼光，才能做出比以往好、與眾不同的選擇。

就結果來說，只要能創造與眾不同的結果，運氣就會很好。

8 不逆流而行

同時**我認為「逆流而行，會使運氣變差」**。

關鍵在於我們能不能配合時代潮流。可以配合時代潮流的人，運氣就會很好；相反的，與時代潮流背道而馳的人，成功難上加難。

就像剛才我提到《鐵達尼號》。我們必須配合時代的潮流，才能了解消費者真正的需求。

然而我們無法預測現在的潮流或未來的潮流，應該如何解讀呢？

我覺得預測未來沒有什麼意義。因為預測所需的材料不斷地在改變，所以我們無法做出絕對正確的預測。

因此我**在解讀時代潮流時，會以「相反詞」來思考。**

以「相反詞」來思考？

比如說現在是「豐饒」的時代，接下來可能就是「清貧」的時代；現在是「個人主義」的時代，接下來可能就是「團體主義」的時代。

只要去思考「足以代表現在的關鍵字與其相反詞」，就能解讀時代潮流。

比如說，發生東日本大震災那一年的關鍵字是「混沌」。

「混沌」的相反詞是「秩序」。

於是之後開始流行整理，近藤麻理惠的書才會暢銷。當時，長谷部誠先生的《整頓內心——吸引勝利的五十六個習慣》（幻冬舍）也賣得很好。

秩序
混沌

混亂之後是整齊，相反的，穩定之後是雜沓、自由奔放。

不過**近年日本與世界出現相當大的歧異**。歧異不是指背道而馳，而是落於人後。

老實說，我認為日本一步步地衰退。反觀世界上的其他國家，人口增加、經濟成長。這樣的歧異十分巨大。如果只考慮經濟合理原則，或許「身處日本」一事本身就是與時代潮流背道而馳。然而很可惜，商人無法影響政治。

我們只能盡可能做好自己可以掌控的事。「不杞人憂天地煩惱自己無法影響的事」也對心理比較健康。

D先生認為未來哪些國家會持續成長呢？像是中國、印度、印尼、泰國、菲律賓吧。

綜觀世界史就會發現，中國與印度處於世界的中心。所以說不定接下來的主流會回到中國與印度。

美國呢？

要看美國多努力吧。之前川普說的「美國優先」是指「只要美國好就好，其他地方我們管不著」吧。因此我認為未來經濟規模將逐漸縮小。

系統一旦封閉，整體市場就會萎縮，景氣自然會變差。所以即使美國內部景氣短期看好，也無法持續太久。不過川普是連北韓都去的商人。未來會如何發展很難預料（笑）。

就原則來說，資本主義是透過交換擴大、膨脹的。當交換不再頻繁，景氣就會衰退。系統一旦封閉，市場就會縮小；唯有系統開放，市場才能擴大。**人也是如此。開放的人、擁有許多人脈的人才能致富。**判斷一個人能不能致富，只要看那個人的人脈就好。擁有許多人脈的人、本身就是關鍵意見領袖的人，經濟條件大多比較好。

所以可以從一個人擁有多少人脈，可以看出一個人擁有多少財富囉。

如果想要致富，一定要保持開放的心胸。

後記

時間將近凌晨十二點，D先生的講座也要結束了。

D先生起身，一邊從公事包中拿出記事本一邊繼續分享。

我之所以持續閱讀，是為了「解決人們的問題」

我有許多缺點，無論是身為一個社會人、一個經營者，都沒有什麼好稱讚的（笑）。不過，身為教師，我還是多少有些自信。

身為教師？

只要是我教過的學生，我一定——

・**「不計得失，陪學生走到最後」**

・**「打從內心相信學生一定會成功」**

比如說，我有某個學生遇到挫折，我也相信他能夠靠自己站起來。即使他想要放棄自己，我也不會放棄他。

為什麼D先生如此照顧學生呢？

因為我喜歡見證人的成功。

我喜歡見證人的成長，所以選擇了現在這份工作。這是我的真心話。

我認為聆聽其他人的煩惱、協助其他人解決問題是我人生的使命，所以「我自己是否成功」不是那麼重要。

不過就算是D先生，也不一定能解決所有問題吧？

這就是我持續閱讀的原因，因為我相信書會告訴我如何解決。

如果我自己沒有能力，可能會對其他人見死不救。然而我不希望發生這種情況，所以我總是抱著「一定有辦法解決！」的心情閱讀、撰寫書評。關於這一點，我相信我不會輸給任何人。

我持續閱讀，正是為了讓自己有能力解決人們的問題。

這世上沒有「變得幸福的方法」

然而我再怎麼閱讀、再怎麼想要救人，世上還是有一件事無法傳授，也不需要傳授。

什麼事？

那就是「變得幸福的方法」。

不過我想，應該有許多人向D先生請教：「怎麼做才能變得幸福？」

我無法回答大家這個問題。因為「幸福」在每個人心中的定義不同。只要那個人覺得「我好幸福」，他就很幸福。

幸福不需要其他人傳授、也不需要符合其他人的標準，完全取決於自己。

只要覺得自己處於幸福的狀態，幸福就會造訪；相反的，如果覺得自己很痛苦，自然拒幸福於門外。

華倫・巴菲特曾說：

「成功是指獲得想要的事物，而幸福是指樂在其中。」

只要你能享受自己擁有的事物，你就很幸福。

如果你感受不到幸福，原因應該是——你沒有感謝「自己擁有的事物」，也沒有感謝「自己活著」。另一方面，如果想獲得想要的事物，必須「選擇成功機率較高的方法並一而再再而三地嘗試、修正」。成功是有方法，可以學習的。

D先生曾在不順時覺得自己很幸福嗎？

我要舉一個比較端不上檯面的例子（笑）。我曾向東京茱莉安娜（一九九〇年代「經濟泡沫時期」風靡一時的迪斯可舞廳）前王牌調酒師請教「如何搭訕女生」。他說：「你聽好。如果你搭訕了一百個女生，就可以和四個美女交往。是不是很值得？所以你要記得，就算被九十六個女生拒絕也沒關係，一定要勇敢地搭訕美女。」

將「和四個美女交往」訂為搭訕的目標，只要做到了就成功了。

然而成功前，你會經歷被九十六個美女拒絕的過程。所以你每次被拒絕，只要想著：「我離成功越來越近了」、「下一個美女會更好」……是不是就會覺得人生很有趣呢？

如果第九十七次還是被拒絕了呢？

就算不斷被拒絕，我還是會一直很興奮地想：「我就要成功了」、「我走在通往成功的路上」……所以我會覺得很幸福。

即使一而再再而三地被拒絕，我還是會抱著希望：「說不定我之後就可以和超級漂亮的美女交往了」，直到生命結束的那一天（笑）

「雖然還沒成功，但我的確走在通往成功的路上。這輩子死而無憾了。」（笑）簡單說，**我跌倒再多次都會轉念，想著「自己很幸福」**。所以我可以說，我是全世界最幸福的人。

沒有人可以預測未來。既然如此，讓「當下」的自己好過一些不是比較好嗎？

D先生真是太厲害了。

我見證許多人的成功，但不是每個人都能因為成功而覺得自己幸福。

各位認為原因是什麼呢？

因為所**有成功都是過去式**。

成功的有效期限非常短，就是瞬間的事。一旦實現了，也就結束了。

所以我認為「放眼未來的成功」非常重要。

放眼未來的成功？

就是一直朝著未來的成功邁進。

當成功存在於未來，我們的人生才能過得幸福而充實。所以誇張一點說，我認為最好一輩子都不要成功。

達成途中一個接著一個的目標很重要，但最基本的條件是「向前走」。否則一旦實現了，接下來呢？

所以我認為要讓人生過得豐盛，最好的祕訣就是——

「感謝當下並不斷向前走，期待未來的成功」。

不要讓其他人決定你的人生

我們為什麼會需要篩選好資訊的「選擇力」呢？

那是因為日本社會逐漸不再值得信任。網路上充斥各種詐騙手法、一步登天的賺錢捷徑、重視金錢勝過職業道德的媒體、重視利潤勝過人才的企業……

我們究竟可以相信什麼呢？因此我認為身處這樣的時代，「選擇力」非常重要。

家父生前曾被一個看起來很善良的青年騙走了五百萬日圓。

我一輩子都不會忘記，他看起來是這麼的誠懇，卻背叛家父捲款而逃。

我之所以想要鍛鍊自己的「眼光」、「選擇力」，這個經驗是非常大的原因。

只要我們努力與誠實的人事物來往、聰明地購物，人生就是一片光明。

相反的，如果我們因為貪欲而變得盲目，和不誠實的人事物來往、愚蠢地購物，人生自然是一片黑暗。

我們應該要選擇什麼樣的人生？答案很明顯。我們必須了解，選擇權掌握在自己的手上。

如果眼前出現感覺很好賺的機會、不需要努力也能成功的方法，一旦心動了就有可能成為其他人的獵物。鍛鍊「選擇力」的第一步就是——

「不要讓其他人決定你的人生」。

同時，為了與少數誠實的人事物來往，我們必須付出最大的努力。

今天我之所以想與大家分享這些我自己思考出來的成功法則，是因為大家「選擇」留下來。許多人聽完演講就回去了，但各位自己選擇留下來。所以我想全心全力地為各位加油。

剛才會場裡有兩百名觀眾，這裡大概是其中的一成。對了，許多事物適用所謂的「八二法則」。獲得相同靈感、知識的人，大約有兩成——許多時候只有一成——的人會真正採取行動。

各位現在正在踏出成功的第一步。請一定要好好思索我今天跟大家分享的內容，並親身實踐。

某一位知名的經營者曾說：

「人生要過得豐饒，要隨時想著『自己喜歡的』5W1H。也就是和自己喜歡的人在自己喜歡的地方、自己喜歡的時間，以自己喜歡的方法做自己喜歡的事」。

我喜歡自己選擇人生並有此自覺的人。人生充實與否，是非常主觀的問題，所以不要讓其他人來決定。希望各位一定要掌握自己的人生。

這就是我送給各位的禮物。

D先生說完，指針剛好指向凌晨十二點。

現場的二十名觀眾，會邁向什麼樣的人生呢？

國家圖書館出版品預行編目 (CIP) 資料

一流的人，都懂得如何做選擇 / 土井英司著 . -- 初版 . -- 新北市：幸福文化出版社出版：遠足文化事業股份有限公司發行，2021.08
ISBN 978-986-5536-84-8(平裝)
1. 成功法　2. 生活指導

192.1　110011550

一流的人，都懂得如何做選擇

作　　者：土井英司
責任編輯：黃佳燕
封面設計：萬勝安
內頁排版：王氏研創藝術有限公司

總 編 輯：林麗文
副 總 編：梁淑玲、黃佳燕
行銷企劃：林彥伶、朱妍靜
印　　務：江域平、黃禮賢、李孟儒、林文義

社　　長：郭重興
發行人兼出版總監：曾大福
出　　版：幸福文化／遠足文化事業股份有限公司
地　　址：231 新北市新店區民權路 108-2 號 9 樓
網　　址：https://www.facebook.com/happinessbookrep/
電　　話：(02) 2218-1417
傳　　真：(02) 2218-8057

發　　行：遠足文化事業股份有限公司
地　　址：231 新北市新店區民權路 108-2 號 9 樓
電　　話：(02) 2218-1417
傳　　真：(02) 2218-1142
電　　郵：service@bookrep.com.tw
郵撥帳號：19504465
客服電話：0800-221-029
網　　址：www.bookrep.com.tw

法律顧問：華洋法律事務所 蘇文生律師
印　　刷：通南彩色印刷公司

初版一刷：2021 年 8 月
定　　價：360